LAS 5
VERDADES

LAS 5 VERDADES

¿Como saber si estoy en la iglesia correcta?

WALTER UMAÑA

Número de Control de la Biblioteca del Congreso de EE. UU.:   2014919862
ISBN: Tapa Dura   978-1-4633-9561-2
               Tapa Blanda   978-1-4633-9563-6
               Libro Electrónico   978-1-4633-9562-9

Este libro fue impreso en los Estados Unidos de América.

Fecha de revisión: 18/11/2014

Para realizar pedidos de este libro, contacte con:
Palibrio
1663 Liberty Drive, Suite 200
Bloomington, IN 47403
Gratis desde EE. UU. al 877.407.5847
Gratis desde México al 01.800.288.2243
Gratis desde España al 900.866.949
Desde otro país al +1.812.671.9757
Fax: 01.812.355.1576
ventas@palibrio.com
698935

ÍNDICE

CAPITULO 1

¿Que Es La Verdad?

TE HAS PREGUNTADO alguna vez:

¿Qué es la verdad?

Toda persona necesita saber la verdad. A veces necesitarás escuchar la verdad de tu pareja, de tu hijo, de tu papá, de tu mamá, del vecino o de tu mejor amigo. En fin, en todo momento la verdad es muy importante y necesaria.

Si un esposo sabe que su compañera le está diciendo mentiras, esto va a ocasionar problemas. Si un padre sabe que su hijo hizo algo indebido, y todavía le responde con una mentira, se desarrolla la desconfianza y decae la relación entre padre e hijo. La mentira no es saludable para nadie.

En el transcurso de la vida, nosotros como seres humanos aprendemos a mentir para evitar sufrir las consecuencias de nuestras acciones o para poder librarnos de las amenazas de un castigo, sin embargo no importa la situación, la mentira no es el mejor camino. La mentira en ningún momento es aprobada por Dios, no importando las circunstancias. Algunos se han hecho expertos mintiendo, no porque quieran, sino porque lo hacen tantas veces, que ya es un hábito, casi como comer o beber.

Muchos no sienten nada cuando mienten, y otros hasta se creen la mentira que presentan algunas personas, tales como los sociópatas. Los sociópatas son muy hábiles en mentir y manipular. Hay mujeres que no se dan cuenta que su pareja es sociópata, y las manipulan hasta tenerlas como esclavas, y como tienen el poder de las palabras y del convencimiento, algunas hasta se rinden ante este tipo de hechizo o esclavitud, y piensan que lo están haciendo por amor a su pareja, pero solo son víctimas del sociópata manipulador.

¿Has observado a los niños?

Desde muy pequeños, apenas comienzan a hablar o caminar, si hacen una travesura, y tú le preguntas, te hace señas de que él no ha sido, que no ha tocado nada.

¿Quién le enseñó a mentir?

Desde pequeños ya venimos con la semilla del mal, y pareciera que la capacidad de mentir ya viene en nuestra sangre, sin embargo, aunque lo veamos livianamente, la mentira es pecado y el pecado trae muerte, así que sería bueno que lo pensemos bien, si es que queremos seguir acariciando la mentira. La excusa de mentir para evitar ser castigado por los padres, no debe ser aceptada como excusa y se le debe enseñar al niño a actuar correctamente y con la verdad. El problema es que muchas veces, los mismos padres le enseñan a mentir a sus hijos a cada momento y esto se ha convertido en una epidemia que a largo plazo, traerá problemas serios en el carácter, en la familia y en la sociedad.

Un hombre vale por su palabra, y si esta es engañosa o no hay verdad en él, deja de ser un hombre verdadero y se convierte en un mentiroso.

A veces estamos como: "El amo, la esposa y el perro."

Cierto día el dueño de un perro se había tomado el fin de semana de vacaciones. Cuando regresó a su casa, encontró la sala hecha un desastre. El perro era el único que había quedado en casa. Su esposa se había ido donde la mamá, mientras él había ido a pescar con sus amigos durante el fin de semana. Ese había sido el acuerdo.

El perro sintiéndose regañado por el amo por el desastre que encontró, lo único que pudo hacer, fue levantar una pata y señalar la foto de la esposa del amo, como posible causante del desastre. El amo quedó por un momento confundido pero al ver la inteligencia y la forma como el perro presentaba la mentira, rápidamente se le olvidó el desastre y abrazó a su perro. De seguro el perro le siguió mintiendo al ver que la mentira más bien le hizo gracia a su amo.

Así es el enemigo de Dios. Nos abraza cada vez que mentimos, como queriendo decirnos. ¡Muy bien, muy bien!

Me contaba un amigo que se sentía mal, por lo que dos mujeres le habían dicho en una misma semana, y le pregunté que era lo que le habían dicho, y me dijo:

Una me decía que yo soy muy amable, cariñoso, servicial, siempre sonrío y que tengo un carácter agradable, que atrae a la gente, pero después de todos esos halagos me dijo: ¡pero tú eres un mentiroso! Deja ya de ser así, que la gente te está conociendo más por tus mentiras que por todas tus buenas cualidades. A todas las mujeres les dices que eres divorciado y ya todas saben que tu esposa está en el extranjero, y que no la piensas dejar porque es una mina de oro.

La otra le dijo algo muy parecido: Te tengo lástima porque a pesar de las muchas ocasiones que hemos compartido juntos, de los obsequios y de lo agradable que es compartir contigo, ya me estás cansando con tus mentiras. Que tienes una empresa en el extranjero, que eres divorciado, que tienes fincas con ganado y casas de alquiler y tú no tienes nada pues todo el mundo sabe que eres casado y siempre lo has negado, y que las propiedades son de tu esposa porque tú nunca trabajas, y casi todo lo que hablas lo exageras, y ya nadie te cree. Les has mentido a tantas personas, que ya todo el pueblo te conoce por mentiroso. Si no fuera por eso, serías una excelente persona.

Si notas, solo por el hecho de ser conocido como mentiroso, no importando que tengas muchos buenos atributos, esta conducta es suficiente para que todos desconfíen de ti. La mentira es como una enfermedad terminal, como un enemigo dentro de uno mismo que poco a poco te va destruyendo sin que te des cuenta, y te hace un ser mediocre, despreciado, y los demás llegan a desconfiar de ti a tal punto que pierdes el empleo, tu compañera, y hasta tus mejores amigos.

Pero vamos a entrar en una dimensión más elevada, donde tú puedes estar creyendo una mentira como verdad, y perder hasta la vida eterna.

¿Has pensado en eso alguna vez?

No importa a qué iglesia vaya una persona, con toda sinceridad cree que esa iglesia tiene la verdad, y no solo arriesga su propia vida eterna, sino que muchas veces, hasta convence a sus papás, y lleva a sus hijos. Pero ¿Cómo sé realmente si estoy en la verdad?, si hay cientos y cientos de religiones, sectas y nuevos grupos formándose todos los días y todos sostienen tener la verdad.

Me decía un profesor de matemática que la verdad es relativa. Eso de ninguna manera es posible. Si la verdad es relativa, la mentira también y este mundo sería un verdadero desastre. La verdad es verdad no importa donde te encuentres. Es como la matemática. Dos más dos es igual a cuatro no importa el país donde estés. El resultado de la matemática es absoluto, así es la verdad. Que algunas personas quieran manipular la verdad, eso es muy diferente, sin embargo, el que tal haga, tarde o temprano sufrirá sus consecuencias. La verdad es absoluta aunque algunas personas no estén de acuerdo pues Dios no se tiene que acomodar a la gente sino que la gente debería acomodarse a Dios y eso es lo que a muchos se les hace difícil lograr. Por ejemplo para algunas regiones del mundo, tener varias mujeres es normal pero Dios no aprueba eso. El hecho que los hombres lo aprueben no quiere decir que tengan la razón.

Tal vez no te habías tomado el tiempo para analizar esta situación. Es imposible que todos tengan la verdad. Aun algunas iglesias pueden tener un porcentaje alto de la verdad. Entre estas denominaciones, sus doctrinas son tan variadas y contradictorias como el día lo es con la noche o el bien con el mal. Es imposible que todas tengan la verdad. Pueden que tengan algunas doctrinas verdaderas pero si las otras doctrinas no están fundadas en la palabra de Dios, solo tienen una verdad a medias lo cual es una mentira. A Satanás le encanta presentar las verdades a medias. Desde la primera intervención con la raza humana, mezcló la verdad con la mentira para confundir a Eva. A Satanás le encanta manipular la verdad y todos sus seguidores hacen lo mismo.

¿Estarán entonces algunas iglesias enseñando doctrinas falsas mezcladas con la verdad?

LA MEDICINA ADULTERADA NO SANA COMO TAMPOCO LA VERDAD ADULTERADA SALVA

Vamos a poner un ejemplo sencillo: Tú te sientes resfriado y vas donde el médico, porque ya tienes varios días con esa molestia, y no te recuperas. Después de haber consultado al médico, te da la receta con las indicaciones de que debes tomarte cuatro gotas al día, por siete días, pero como tú eres una persona muy ocupada, y te quieres sanar rápido, te tomas ocho gotas al día, y al cuarto día te das cuenta que se te acabó la medicina, y lo que es peor, sigues aún más enfermo.

¿Qué pasó? La medicina adulterada no va a surtir efecto, y más bien hasta te puede intoxicar, porque la receta que te habían dado, es resultado de muchos estudios y experimentos, dentro y fuera de los laboratorios, y de mucho dinero invertido; por eso, ya una vez comprobado, que esa es la dosis adecuada, la medicina sale al mercado.

¿Qué pasa con la verdad si esta, es adulterada?

Te imaginas que un amigo te ofrece vender un auto en $2000, y llegas el domingo a su casa, y tu amigo te dice que son $2500 porque lo estuvo pensando mejor. ¡Qué chasco! ¡Qué decepción!

La verdad que te había dicho tu amigo era $2000, y tú confiaste en él. Cuando llegaste confiado a su casa con el dinero acordado, tu amigo había subido el precio.

Vamos a ir ahora a la palabra de Dios. Te imaginas que tu líder religioso presenta el sermón, y tú tomas nota, y dice que Pablo era casado y se unió a los doce apóstoles desde el principio, pero luego vas a leer otra vez en tu casa en la Biblia, y te das cuenta que Pablo no era casado y que tampoco era uno de los 12 apóstoles iniciales, sino que Dios lo llamó poco después, con la misión especial, de llevarle el evangelio a los gentiles.

Eso es decepcionante y vas perdiendo la confianza en tu líder. Bueno, de paso; yo aconsejo a toda persona que nunca crea solo lo que se le predica desde el púlpito, sino que tome nota y estudie por sí mismo la palabra de Dios, porque si un ciego guía a otro ciego, ambos se van al hoyo.

San Mateo 15:14

"Dejadlos; son ciegos guías de ciegos; y si el ciego guiare al ciego, ambos caerán en el hoyo."

¿Sabías que el maestro de la mentira es Satanás? El conflicto entre el bien y el mal no comenzó en la tierra como algunos creen. El conflicto comenzó con un hermoso ser creado, conocido como "el lucero de la mañana".

Isaías 14:12-15

"¡Cómo caíste del cielo, oh Lucero, hijo de la mañana! Cortado fuiste por tierra, tú que debilitabas a las naciones. 13 Tú que decías en tu corazón: Subiré al cielo; en lo alto, junto a las estrellas de Dios, levantaré mi trono, y en el monte del testimonio me sentaré, a los lados del norte; 14 sobre las alturas de las nubes subiré, y seré semejante al Altísimo. 15 Mas tú derribado eres hasta el Seol a los lados del abismo."

Después de su caída ya no se llama más lucero de la mañana, sino, Satanás.

Ezequiel 28:13

"Estabas en Edén, el jardín de Dios, adornado de toda clase de piedras preciosas: rubí, crisólito, jade, zafiro, granate y esmeralda; tus joyas y aretes eran de oro, preparados desde el día en que fuiste creado. 14 Te dejé al cuidado de un ser alado, estabas en el monte santo de Dios y caminabas entre las estrellas. 15 Tu conducta fue perfecta desde el día en que fuiste creado hasta que apareció en ti la maldad."

Es un misterio, como un ser perfecto, creado por Dios, llega a pecar. Recordemos que Dios no crea robots, sino seres con libre albedrío, solo que Lucifer se aventuró misteriosamente por ser un ser creado libre. Abusó de su libertad, y cayó. Se aventuró a creer que la ley de Dios era imperfecta, injusta y que no se la debía obedecer. Se atrevió a enfrentar a su Creador. ¿No nos pasa a veces lo mismo? Le echamos muchas veces la culpa a Dios de todo lo que nos pasa, y olvidamos que somos hechos del polvo, y que sin EL, no seríamos nada.

Dado que no fuimos creados como simples máquinas, que actúan en base al que la está manipulando, sino que fuimos creados con libre albedrío, para decidir por nuestra cuenta, misteriosamente el pecado entró en este ángel, y el pecado surgió en el cielo. Este ángel que era el que comandaba los ejércitos del cielo, comenzó a sentirse celoso de Jesucristo. Se dio la libertad de creer que él también podía ser como Dios, y que podía cambiar o anular lo que él estaba creyendo que estaba errado. Poco a poco la semilla del pecado fue creciendo, y muy sigilosamente aprovechándose del rango que tenía sobre los demás ángeles, comenzó a sembrar la semilla de la discordia, y a convencerles que él tenía la razón. Aunque al principio muchos ángeles le advirtieron que no siguiera por este camino, muchos otros se decidieron por él y hubo una gran batalla en el cielo y ya no se halló más lugar para ellos en ese lugar y fueron expulsados.

Jesús se reunía con el Padre y el Espíritu Santo, para muchas actividades que tenían, pero Lucifer no era invitado. Esto lo hizo sentirse celoso de Jesús y comenzó a madurar su plan.

Cómo iba a ser invitado Lucifer a esas reuniones, si tal vez era la creación de un mundo, o alguna otra acción importante. Lucifer es un ser creado, y no puede crear nada de la nada, como sí lo puede hacer Dios. Satanás olvidó que era un ser creado, limitado y sin poder de crear, pero quería ser como Dios en poder, pero no en carácter.

Algunos científicos desde hace mucho tiempo, están tratando de crear materia de la nada, pues ellos creen que el mundo se dio de la nada, pero no hay nada más erróneo que creer esto.

La máquina aceleradora de partículas, conocida atrevidamente como "la máquina de Dios", según los científicos, les ayudará a realizar muchos descubrimientos, entre ellos, probar que existe la materia invisible y descubrir de donde viene la materia. Si los científicos buscaran en la Biblia, encontrarían todas sus respuestas, sin invertir tanto tiempo y dinero.

La sabiduría del científico no cristiano, es necedad para Dios. Todavía muchos están confundidos si sus antepasados vienen de seres microscópicos formados por casualidad, que evolucionaron con el tiempo, o son criaturas formadas por un Dios creador todopoderoso.

Volviendo a la rebelión de Satanás en el cielo, Tal vez tú te preguntes: ¿Por qué Dios no lo eliminó en ese mismo instante? ¿Se imaginan lo que hubiera sucedido? Ya nadie sería obediente a Dios por amor, sino por temor; pensando que también los puede destruir a ellos, si desobedecen. Esto es lo que muchos no entienden, pero Dios en su infinita sabiduría, ha dejado que Satanás desarrolle su verdadero plan, para que todos los mundos del Universo observen, y no quepa duda cuando Satanás sea destruido. Todo el Universo habrá conocido sus verdaderas intenciones. Satanás solo ofrece muerte y destrucción.

El plan de gobierno de Satanás, ha sido un desastre absoluto y un fracaso rotundo.

Satanás engañó a los primeros seres humanos con otra mentira. Veamos:

Dios les dio ciertas indicaciones a Adán y Eva:

Génesis 2:16 *Y mandó Jehová Dios al hombre, diciendo: <u>De todo árbol del huerto podrás comer; 17 mas del árbol de la ciencia del bien y del mal no comerás;</u> porque el día que de él comieres, ciertamente morirás.*

El subrayado es nuestro para que no perdamos este detalle. Está claro que Dios les prohibió solo un árbol.

Veamos ahora la pregunta tramposa que le hace Satanás a Eva para llevarla al diálogo y tentarla.

Génesis 3:1 *Pero la serpiente era astuta, más que todos los animales del campo que Jehová Dios había hecho; la cual dijo a la mujer: ¿Con que Dios os ha dicho: <u>No comáis de todo árbol del huerto?</u>*

Volví a subrayar esta parte, para que veamos claro, la trampa que Satanás le pone a Eva. Y Eva muy inteligente, cae en la trampa, tratando de aclararle a Satanás lo que Dios había dicho, y se produce entonces lo que Satanás quería, entrar en diálogo con Eva y vencerla.

Para Satanás el dicho de que el fin justifica los medios sí funciona, pero he escuchado a personas decir lo mismo. En la edad media miles perecieron por solo querer estudiar y obedecer la palabra de Dios. La cuarta bestia o el cuerno pequeño de Daniel y Apocalipsis, aplicaban cualquier método por doloroso que fuera, como medio para obligar a las personas a aceptar sus doctrinas falsas. El mismo método de Satanás enseñando por medio del engaño y la traición.

Analicemos por un momento otra vez la indicación que Dios les había dado a Adán y Eva. Si volvemos a Génesis 2:16 encontramos que Dios les había dado la libertad de comer de todo árbol excepto de uno, pero la pregunta Satanás la acomoda de tal manera que obliga a Eva a defender a Dios como si este necesitara defensa. Una vez que Eva entra en el diálogo con Satanás, termina este convenciendo a Eva y Eva termina convenciendo a Adán, o sea. Adán no tenía que aceptar la tentación. Estaba libre de decir que no, pero por amor para no perder a Eva, como si Dios no pudiera darle algo mejor, echó su suerte con ella. Hoy podemos entender mejor por qué este mundo está como está.

Desde el primer momento que aparece la mentira en la creación, aparece Satanás. No hay una sola mentira que venga de Dios y esto es muy importante que lo tengamos claro.

Hoy día algunos hablan de las mentiras piadosas, de las mentiras en casos de vida o muerte. De las mentiras cuando hay que salvar un matrimonio o está una vida en juego.

¿Dónde aparece eso en la palabra de Dios?

Hay personas que dicen ser cristianas y sostienen con insistencia que la mentira en algunas ocasiones es necesaria.

¿No será más bien falta de fe?

Dios es puro, santo y su palabra es igual. Vamos a tratar de desarrollar este punto para que no haya confusión alguna pues un hijo de Dios, no debe acariciar la mentira como si fuera necesaria no importando las circunstancias. Satanás ha confundido tanto a los hombres que hoy la mentira es cosa de todos los días, pero después que sale una mentira de la boca del hombre, las consecuencias vendrán en el camino y te aseguro que no son bendiciones.

Todo ser humano en algún momento de su vida ha mentido, pero cuando entiende de donde viene la mentira, debe de dejarla pues tarde o temprano le perjudicará.

La mentira es lo contrario a la verdad. En ningún momento Jesús apoyó la mentira sino más bien la condenó.

Otros con tal de defenderse dicen que hay mentiras chiquitas y mentiras grandes y que las chiquitas no hacen mucho daño.

El veneno por ser poquito no deja de ser veneno y la mentira por ser pequeña, no deja de ser mentira.

La mentira es como el pecado. No hay pecado tan chiquito que deje de ser pecado. El pecado es pecado como el veneno es veneno y como la mentira es mentira y como la verdad es verdad.

Hay muchos casos en la Biblia donde se practicó la mentira. Vamos a ver algunos.

EL CASO DE ABRAHAM Y SU MUJER

Génesis 20:1 *De allí partió Abraham a la tierra del Neguev, y acampó entre Cades y Shur, y habitó como forastero en Gerar. 2Y dijo Abraham de Sara su mujer: Es mi hermana. Y Abimelec rey de Gerar envió y tomó a Sara. 3Pero Dios vino a Abimelec en sueños de noche, y le dijo: He aquí, muerto eres, a causa de la mujer que has tomado, la cual es casada con marido. 4Mas Abimelec no se había llegado a ella, y dijo: Señor, ¿matarás también al inocente? 5 ¿No me dijo él: Mi hermana es; y ella también dijo: Es mi hermano? Con sencillez de mi corazón y con limpieza de mis manos he hecho esto. 6Y le dijo Dios en sueños: Yo también sé que con integridad de tu corazón has hecho esto; y yo también te detuve de pecar contra mí, y así no te permití que la tocases. 7Ahora, pues, devuelve la mujer a su marido; porque es profeta, y orará por ti, y vivirás. Y si no la devolvieres, sabe que de cierto morirás tú, y todos los tuyos. 8Entonces Abimelec se levantó de mañana y llamó a todos sus siervos, y dijo todas estas palabras en los oídos de ellos; y temieron los hombres en gran manera. 9Después llamó Abimelec a Abraham, y le dijo: ¿Qué nos has hecho? ¿En qué pequé yo contra ti, que has traído sobre mí y sobre mi reino tan grande pecado? Lo que no debiste hacer has hecho conmigo. 10Dijo también Abimelec a Abraham: ¿Qué pensabas, para que hicieses esto? 11Y Abraham respondió: Porque dije para mí: Ciertamente no hay temor de Dios en este lugar, y me matarán por causa de mi mujer. 12Y a la verdad también es mi hermana, hija de mi padre, más no hija de mi madre, y la tomé por mujer. 13Y cuado Dios me hizo salir errante de la casa de mi padre, yo le dije: Ésta es la merced que tú harás conmigo, que en todos los lugares adonde lleguemos, digas de mí: Mi hermano es. 14Entonces Abimelec tomó ovejas y vacas, y siervos y siervas, y se los dio a Abraham, y le devolvió a Sara su mujer. 15Y dijo Abimelec: He aquí mi tierra está delante de ti; habita donde bien te parezca. 16Y a Sara dijo: He aquí he dado mil monedas de plata a tu hermano; mira que él te es como un velo para los ojos de todos los que están contigo, y para con todos; así fue vindicada. 17Entonces Abraham oró a Dios; y Dios sanó a Abimelec y a su mujer, y a sus siervas, y tuvieron hijos. 18Porque Jehová había cerrado completamente toda matriz de la casa de Abimelec, a causa de Sara mujer de Abraham.*

En esta experiencia Abraham no había tenido fe y pecó al mentir. Tenía temor y usó la mentira. Dios en su misericordia lo saca del problema pero Abraham no honró a Dios ni dio buen testimonio a este pueblo de Abimelec. No hay pretexto que valga para usar la mentira. Dios todo lo ve y en este caso salvó de un gran mal a Abimelec y a su pueblo pues había sido engañado. Por dicha en este caso, el que fue engañado, no sufrió las consecuencias del pecado porque Dios le advirtió y él se volvió antes de cometer adulterio. Esta es una de las páginas oscuras de este gran profeta llamado Abraham. Aunque Abraham estaba arriesgando su vida, Dios no aprobó sus planes.

EL CASO DE ANANIAS Y SAFIRA

Hechos 5: 1 *Pero cierto hombre llamado Ananías, con Safira su mujer, vendió una heredad, 2y sustrajo del precio, sabiéndolo también su mujer; y trayendo sólo una parte, la puso a los pies de los apóstoles. 3Y dijo Pedro: Ananías, ¿Por qué llenó Satanás tu corazón para que mintieses al Espíritu Santo, y sustrajeses del precio de la heredad? 4Reteniéndola, ¿no se te quedaba a ti? Y vendida, ¿no estaba en tu poder? ¿Por qué pusiste esto en tu corazón? No has mentido a los hombres, sino a Dios. 5Al oír Ananías estas palabras, cayó y expiró. Y vino un gran temor sobre todos los que lo oyeron. 6Y levantándose los jóvenes, lo envolvieron, y sacándolo, lo sepultaron. 7Pasado un lapso como de tres horas, sucedió que entró su mujer, no sabiendo lo que había acontecido. 8Entonces Pedro le dijo: Dime, ¿vendisteis en tanto la heredad? Y ella dijo: Sí, en tanto. 9Y Pedro le dijo: ¿Por qué convinisteis en tentar al Espíritu del Señor? He aquí a la puerta los pies de los que han sepultado a tu marido, y te sacarán a ti. 10Al instante ella cayó a los pies de él, y expiró y cuando entraron los jóvenes, la hallaron muerta; y la sacaron, y la sepultaron junto a su marido. 11Y vino gran temor sobre toda la iglesia, y sobre todos los que oyeron estas cosas.*

En este otro caso de Ananías y Safira, ellos pierden la vida por una mentira. Creían que nadie se daría cuenta pero aunque en tu iglesia nadie sepa nada, en el cielo no se escapa un solo detalle así lo tengas solo en el pensamiento. Ninguna mentira te va a traer salvación. ¿Te imaginas que una persona se vaya al cielo y practique la mentira? Eso no es posible. Te aseguro que esa persona si no ha reconocido sus mentiras y ha dejado de practicarlas, de seguro no será salva. ¿Qué esperanza tendrán entonces los que enseñan mentiras como si fueran verdades? Si no se arrepienten y se apartan, no alcanzarán misericordia.

EL CASO DE LOS TRES JOVENES JUDIOS

En Daniel capítulo 3 se presenta a un rey construyendo una gran estatua en su nombre y llamando bajo amenaza de muerte, a postrarse delante de la estatua y adorarla pero estos tres jóvenes no obedecieron. Sabían muy bien que la ley de Dios en el segundo mandamiento, prohíbe la adoración de imágenes. De paso, la iglesia católica eliminó el segundo mandamiento de la Ley de Dios porque afectaba sus intereses.

Veamos el relato tal como lo presenta la Biblia.

Daniel 3:1 *El rey Nabucodonosor hizo una estatua de oro cuya altura era de sesenta codos, y su anchura de seis codos; la levantó en el campo de Dura, en la provincia de Babilonia. 2Y envió el rey Nabucodonosor a que se reuniesen los sátrapas, los magistrados y capitanes, oidores, tesoreros, consejeros, jueces, y todos los gobernadores de las provincias, para que viniesen a la dedicación de la estatua que el rey Nabucodonosor había levantado. 3Fueron, pues, reunidos los sátrapas, magistrados, capitanes, oidores, tesoreros, consejeros, jueces, y todos los gobernadores de las provincias, a la dedicación de la estatua que el rey Nabucodonosor había levantado; y estaban en pie delante de la estatua que había el rey Nabucodonosor.4Y el pregonero anunciaba en alta voz: Mándase a vosotros, oh pueblos, naciones y lenguas, 5que al oír el son de la bocina, de la flauta, del tamboril, del arpa, del salterio, de la zampoña y de todo instrumento de música, os postréis y adoréis la estatua de oro que el rey Nabucodonosor ha levantado; 6y cualquiera que no se postre y adore, inmediatamente será echado dentro de un horno de fuego ardiendo. 7Por lo cual, al oír todos los pueblos el son de la bocina, de la flauta, del tamboril, del arpa, del salterio, de la zampoña y de todo instrumento de música, todos los pueblos, naciones y lenguas se postraron y adoraron la estatua de oro que el rey Nabucodonosor había levantado. 8Por esto en aquel tiempo, algunos varones caldeos vinieron y acusaron maliciosamente a los judíos. 9Hablaron y dijeron al rey Nabucodonosor: Rey, para siempre vive. 10Tú, oh rey, has dado una ley que todo hombre, al oír el son de la bocina, de la flauta, del tamboril, del arpa, del salterio, de la zampoña y de todo instrumento de música, se postre y adore la estatua de oro; 11y el que no se postre y adore, sea echado dentro de un horno de fuego ardiendo. 12Hay unos varones judíos, los cuales pusiste sobre los negocios de la provincia de Babilonia: Sadrac, Mesac y Abed-nego; estos varones, oh rey, no te han respetado; no adoran tus dioses, ni adoran la estatua de oro que has levantado. 13Entonces Nabucodonosor dijo con ira y con enojo que le trajesen a Sadrac, Mesac y Abed-nego. Al instante fueron traídos estos varones delante del rey. 14Habló Nabucodonosor y les dijo: ¿Es verdad, Sadrac, Mesac y Abed-nego, que vosotros no honráis a mi dios, ni adoráis la estatua de oro que he levantado? 15Ahora, pues, ¿estáis dispuestos para que al oír el son de la bocina, de la flauta, del tamboril, del arpa, del salterio, de la zampoña y de todo instrumento de música, os postréis y adoréis la estatua que he hecho? Porque si no la adorareis, en la misma hora seréis echados en medio de un horno de fuego ardiendo; ¿y qué dios será aquel que os libre de mis manos? 16 Sadrac, Mesac y Abednego respondieron al rey Nabucodonosor, diciendo: No es necesario que te respondamos sobre este asunto. 17He aquí nuestro Dios a quien servimos puede librarnos del horno de fuego ardiendo; y de tu mano, oh rey, nos librará. 18Y si no, sepas, oh rey, que no serviremos a tus dioses, ni tampoco adoraremos la estatua que has levantado. 19Entonces Nabucodonosor se llenó de ira, y se demudó el aspecto de su rostro contra Sadrac, Mesac y Abed-nego, y ordenó que el horno se calentase siete veces más de lo acostumbrado. 20Y mandó a hombres muy vigorosos que tenía en su ejército, que atasen a Sadrac, Mesac y Abed-nego, para echarlos en el horno de fuego ardiendo. 21Entonces estos varones fueron atados con sus mantos, sus calzas, sus turbantes y sus vestidos, y fueron echados dentro del horno de fuego ardiendo. 22Y como la orden de rey era apremiante, y lo habían calentado mucho, la llama del fuego mató a aquellos que habían alzado a Sadrac, Mesac y Abed-nego. 23Y estos tres varones, Sadrac, Mesac y Abed-nego, cayeron atados dentro del horno de fuego ardiendo. 24Entonces el rey Nabucodonosor se espantó, y se levantó apresuradamente y dijo a los de su consejo: ¿No echaron a tres varones atados dentro del fuego? Ellos respondieron al rey: Es verdad, oh rey. 25Y él dijo: He aquí yo veo cuatro varones sueltos, que se pasean en medio del fuego sin sufrir ningún daño; y el aspecto del cuarto es semejante a hijo de los dioses. 26Entonces Nabucodonosor se acercó a la puerta del horno de fuego ardiendo, y dijo: Sadrac, Mesac y Abed-nego, siervos del Dios Altísimo, salid y venid. Entonces Sadrac, Mesac y Abed-nego salieron de en medio del fuego. 27Y se juntaron los sátrapas, los gobernadores, los capitanes y los consejeros del rey, para mirar a estos varones, cómo el fuego no había tenido poder alguno sobre sus cuerpos, ni aun el cabello de sus cabezas se había quemado; sus ropas estaban intactas, y ni siquiera olor de fuego tenían. 28 Entonces Nabucodonosor dijo: Bendito sea el Dios de ellos, de Sadrac, Mesac y*

Abed-nego, que envió su ángel y libró a sus siervos que confiaron en él, y que no cumplieron el edicto del rey, y entregaron sus cuerpos antes que servir y adorar a otro dios que su Dios. 29Por lo tanto, decreto que todo pueblo, nación o lengua que dijere blasfemia contra el Dios de Sadrac, Mesac y Abed-nego, sea descuartizado, y su casa convertida en muladar; por cuanto no hay dios que pueda librar como éste. 30 Entonces el rey engrandeció a Sadrac, Mesac y Abed-nego en la provincia de Babilonia.

Si tú observas la situación tan difícil en la que estaban estos muchachos, era muy fácil fingir la adoración a la estatua y mentir para salvar la vida, pero en ningún momento, aun a costa de su vida, desobedecieron a Dios. No hay excusa válida, y por su fidelidad, Dios hizo un milagro delante de toda aquella muchedumbre y los bendijo grandemente. La fe del cristiano debe llegar a ser mucho más poderosa que el temor. Ellos podrían haberse agachado un poco para simular que se estaban arrodillando, pero ni siquiera hicieron eso. Permanecieron erguidos a la vista de todos sin ninguna intención de confundir a nadie. Simplemente decidieron ser fieles a Dios y dar un testimonio verdadero de su fe.

¿Has estado en una situación así?

¿Si aun en este caso no era ocasión para mentir, por qué lo vamos a hacer por cualquier otra cosa?

Dios nunca aprobará la mentira bajo ninguna circunstancia. El tiene el poder de hacer un milagro en tu vida si fuera necesario. Ningún cristiano va a ser probado más de lo que pueda soportar. Los mártires del pasado no murieron en la hoguera negando a Dios. Morían alabando a Dios y dando su vida como ejemplo de su fe.

Pedro mintió negando a Jesús tres veces pero luego se arrepintió y Dios lo usó con gran poder el resto de su vida.

Tú puedes reconocer que has mentido, y puedes también dejar de mentir pidiéndole perdón a Dios, y Dios te capacitará para que le seas fiel aún en las pequeñas cosas de cada día. El verdadero cristiano se purifica hasta en las cosas simples y no acaricia nada que venga del enemigo. Así pues, como la mentira no proviene de Dios, no debe ser acariciada en el diario vivir de un cristiano.

Hay casos extremos donde Dios ha hecho milagros y los sigue haciendo en los hijos que confían en EL.

EL CASO DE RAHAB, LA PROSTITUTA

Este caso es muy interesante porque hay cristianos que dicen que Dios aprueba la mentira como en este caso, pero vamos a ver que no es así.

Josué 2:1 *Josué hijo de Nun envió desde Sitim dos espías secretamente, diciéndoles: Andad, reconoced la tierra, y a Jericó. Y ellos fueron, y entraron en casa de una ramera que se llamaba Rahab, y posaron allí. 2Y fue dado aviso al rey de Jericó, diciendo: He aquí que hombres de los hijos de Israel han venido aquí esta noche para espiar la tierra. 3Entonces el rey de Jericó envió a decir a Rahab: Saca a los hombres que han venido a ti, y han entrado a tu casa; porque han venido para espiar toda la tierra. 4Pero la mujer había tomado a los dos hombres y los había escondido; y dijo: Es verdad que unos hombres vinieron a mí, pero no supe de dónde eran. 5Y cuando se iba a cerrar la puerta, siendo ya oscuro, esos hombres se salieron, y no sé a dónde han ido; seguidlos aprisa, y los alcanzaréis; 6Mas ella los había hecho subir al terrado, y los había escondido entre los manojos de lino que tenía puestos en el terrado. 7Y los hombres fueron tras ellos por el camino de Jordán, hasta los vados; y la puerta fue cerrada después que salieron los perseguidores. 8Antes que ellos se durmiesen, ella subió al terrado, y les dijo: 9Sé que Jehová os ha dado esta tierra; porque el temor de vosotros ha caído sobre nosotros, y todos los moradores del país ya han desmayado por causa de vosotros.* 10*Porque hemos oído que Jehová hizo secar las aguas del Mar Rojo delante de vosotros cuando salistes de Egipto, y lo que habéis hecho a los dos reyes de los amorreos que estaban al otro lado del Jordán, a Sehón y a Og, a los cuales habéis destruido.11 Oyendo esto, ha desmayado nuestro corazón; ni ha quedado más aliento en hombre alguno por causa de vosotros, porque Jehová vuestro Dios es Dios arriba en los cielos y abajo en la tierra. 12Os ruego pues, ahora, que me juréis por Jehová, que como he hecho misericordia con vosotros, así la haréis vosotros con la casa de mi padre, de lo cual me daréis una señal segura; 13y que salvaréis la vida a mi padre y a mi madre, a mis hermanos y hermanas, y a todo lo que es suyo, y que libraréis nuestras vidas de la muerte. 14Ellos le respondieron: Nuestra vida responderá por la vuestra, si no denunciareis este asunto nuestro; y cuando Jehová nos haya dado la tierra, nosotros haremos contigo misericordia y verdad. 15Entonces ella los hizo descender con una cuerda por la ventana; porque su casa estaba en el muro de la ciudad, y ella vivía en el muro. 16Y les dijo: Marchaos al monte, para que los que fueron tras vosotros no os encuentren; y estad escondidos allí tres días, hasta que los que os siguen hayan vuelto; y después os iréis por vuestro camino. 17Y ellos le dijeron: Nosotros quedaremos libres de este juramento con que nos has juramentado. 18He aquí, cuando nosotros entremos en la tierra, tú atarás este cordón de grana a la ventana por la cual nos descolgaste; y reunirás en tu casa a tu padre y a tu madre, a tus hermanos y a toda la familia de tu padre.19Cualquiera que saliere fuera de las puertas de tu casa, su sangre será sobre su cabeza, y nosotros sin culpa. Más cualquiera que se estuviere en casa contigo, su sangre será sobre nuestra cabeza, si mano le tocare.*

Primeramente todos vamos a estar de acuerdo que Rahab le mintió a su rey y a sus hombres, diciendo que los espías ya se habían ido. Eso está claro.

Rahab era una prostituta de un pueblo pagano. Para Rahab la mentira era algo normal en el sentido que no conocía la ley de Dios, ni distinguía si estaba haciendo bien o mal, a diferencia de un cristiano que debe saber los principios del cristianismo y tener claro que la mentira no viene de Dios.

En esta experiencia lo que sí se nota es que con lo poco que Rahab había escuchado del Dios de Israel, tenía fe y tuvo esperanza. Dios de igual manera, conoce los corazones dispuestos y vio la fe de esta ramera, y le brindó la oportunidad de salvarse y de hacer bien a toda su familia. Dios no destruye a los justos con los injustos. El hecho que Rahab mintiera, no impedía el arrepentimiento y eso fue lo que ella hizo.

En ningún momento Rahab es premiada por la mentira, sino por su fe en el verdadero Dios. Rahab había reconocido que Jehová era el Dios de los cielos y de la tierra y esa fe fue la que la salvó. En ningún momento Dios justifica la mentira así sea para ayudar a alguno de sus hijos. Los verdaderos hijos de Dios, deben de vivir por fe y confiar en su protección, no importando lo que suceda. Los discípulos llegaron a comprender esto muy bien y aunque perdieron la vida siendo fieles a Jesús, sabían que esto era solo temporal.

El creer que nos vamos a salvar de una situación, mintiendo, está más bien arriesgando el rescate milagroso que Dios puede hacer realidad en nuestra vida.

Todas las mentiras salen a la luz algún día y si no parece que así sucede, en el cielo están todas anotadas.

Nadie debe sentirse tranquilo si acaricia la mentira. Solo está siendo un instrumento del padre de la mentira. Dios quiere un pueblo santo y las cosas pequeñas a veces son las que condenarán a muchos porque no dejan de acariciarlas, como la mentira, la crítica, los malos pensamientos acariciados, los celos, el egoísmo y muchas emociones mal cultivadas en las mentes de las personas negligentes.

EL PROFETA QUE CREYO UNA MENTIRA
Este es otro caso interesante

Dios envió a un profeta a advertir al rey Jeroboam de su idolatría. El pecado había llegado a tal grado que el rey ahora también se quería hacer pasar por sacerdote y quería oficiar en el nuevo altar que le había mandado construir a su dios Bet-el.

Dios da la oportunidad a todos con amor y paciencia, esperando que el hombre se arrepienta, pero si insiste, lo llama con más urgencia y si aún no cambia, lo deja a su propia suerte. Si vamos a 1 Reyes capítulo 13 lo vamos a comprender mejor.

1 Reyes 13:1 *He aquí que un varón de Dios por palabra de Jehová vino de Judá a Bet-el; y estando Jeroboam junto al altar para quemar incienso, 2aquél clamó contra el altar por palabra de Jehová y dijo; Altar, altar, así ha dicho Jehová: He aquí que a la casa de David nacerá un hijo llamado Josías, el cual sacrificará sobre ti a los sacerdotes de los lugares altos que queman sobre ti incienso, y sobre ti quemarán huesos de hombres. 3Y aquel mismo día dio una señal, diciendo: Ésta es la señal de que Jehová ha hablado: he aquí que el altar se quebrará, y la ceniza que sobre el está se derramará. 4Cuando el rey Jeroboam oyó la palabra del varón de Dios, que había clamado contra el altar de Bet-el, extendiendo su mano desde el altar, dijo: ¡Prendedle! Mas la mano que había extendido contra él, se le secó, y no la pudo enderezar. 5Y el altar se rompió, y se derramó la ceniza del altar, conforme a la señal que el varón de Dios había dado por palabra de Jehová. 6Entonces respondiendo el rey, dijo al varón de Dios: Te pido que ruegues ante la presencia de Jehová tu Dios, y ores por mí, para que mi mano me sea restaurada. Y el varón de Dios oró a Jehová, y la mano del rey se le restauró, y quedó como era antes. 7Y el rey dijo al varón de Dios: Ven conmigo a casa, y comerás, y yo te daré un presente. 8Pero el varón de Dios dijo al rey: Aunque me dieras la mitad de tu casa, no iría contigo, ni comería pan ni bebería agua en este lugar. 9Porque así me está ordenado por palabra de Jehová, diciendo: No comas pan, ni bebas agua,*

ni regreses por el camino que fueres. 10Regresó, pues, por otro camino, y no volvió por el camino por donde había venido a Bet-el. 11Moraba entonces en Bet-el un viejo profeta, al cual vino su hijo y le contó todo lo que el varón de Dios había hecho aquel día en Bet-el; le contaron también a su padre las palabras que había hablado al rey. 12Y su padre les dijo: ¿Por qué camino se fue? Y sus hijos le mostraron el camino por donde había regresado el varón de Dios que había venido de Judá. 13Y él dijo a sus hijos: Ensilladme el asno. Y ellos le ensillaron el asno, y él lo montó. 14 Y yendo tras el varón de Dios, le halló sentado debajo de una encina, y le dijo: ¿Eres tú el varón de Dios que vino de Judá? El dijo: Yo soy. 15Entonces le dijo: Ven conmigo a casa, y come pan. 16Mas él respondió: No podré volver contigo, ni iré contigo, ni tampoco comeré pan ni beberé agua contigo en este lugar. 17Porque por palabra de Dios me ha sido dicho: No comas pan ni bebas agua allí, ni regreses por el camino por donde fueres. 18Y el otro le dijo mintiéndole: Yo también soy profeta como tú, y un ángel me ha hablado por palabra de Jehová, diciendo: Tráele contigo a tu casa, para que coma pan y beba agua. 19Entonces volvió con él, y comió pan en su casa, y bebió agua. 20Y aconteció que estando ellos en la mesa, vino palabra de Jehová al profeta que le había hecho volver. 21 Y clamó al varón de Dios que había venido de Judá, diciendo: Así dijo Jehová: Por cuanto has sido rebelde al mandato de Jehová, y no guardaste el mandamiento que Jehová tu Dios te había prescrito, 22sino que volviste, y comiste pan y bebiste agua en el lugar donde Jehová te había dicho que no comieses ni bebieses agua, no entrará tu cuerpo en el sepulcro de tus padres.23Cuando había comido pan y bebido, el que le había hecho volver le ensilló el asno. 24Y yéndose, le topó un león en el camino, y le mató; y su cuerpo estaba echado en el camino, y el asno junto a él, y el león también junto al cuerpo. 25 Y he aquí unos que pasaban, y vieron el cuerpo que estaba echado en el camino, y el león que estaba junto al cuerpo; y vinieron y lo dijeron en la ciudad donde el viejo profeta habitaba. 26Oyéndolo el profeta que le había hecho volver del camino, dijo: El varón de Dios es, que fue rebelde al mandato de Jehová; por tanto, Jehová le ha entregado al león, que le ha quebrantado y matado, conforme a la palabra de Jehová que él le dijo.

Aquí hay varias cosas muy interesantes.

Dios no se contradice, por tanto el profeta que lo invita a su casa era un profeta pero no de Dios.

Recordemos que Dios le había dado una orden clara al profeta y lo vemos en los versículos subrayados 9 y 17. El profeta lo tenía bien claro. No aceptar la invitación de comer o beber en esa región y devolverse a Judá por otro camino.

Satanás cuando quiere una presa insiste una y otra vez.

La invitación del profeta falso era la misma del rey, y el profeta de Dios por un momento de descuido, se dejó engañar cuando el profeta falso le dijo que un ángel le había dado las indicaciones de Jehová para que lo invitara a su casa a cenar y tomar agua. Si el profeta de Dios hubiera estado más alerta, habría descubierto la mentira, pero fácilmente cayó en la trampa.

Hoy en día hay muchos cristianos que siguen cayendo en la misma trampa, aceptando tradiciones como verdades y haciendo del pecado, cosas no tan malas o de vez en cuando como alguien decía: *"yo casi no miento, solo en situaciones muy necesarias y de vez en cuando eso no es malo, además, otros hacen cosas peores"*

¿Has escuchado estos argumentos alguna vez?

Pobres argumentos que a su tiempo no le van a servir de nada. La mentira en el caso del profeta falso, resultó de muerte para el profeta de Dios. Lo que debía convertirse en otra lección castigando al profeta mentiroso, se convirtió en una trampa mortal para el profeta de Jehová.

Mucho cuidado con la mentira. No hay una sola ocasión donde Dios apruebe la mentira. Cualquiera que opine lo contrario, debe terminar de leer este libro para entenderlo.

En la vida actual se han dado muchos casos de personas que fueron fieles en la verdad, en situaciones muy críticas, y Dios les bendijo.

Les presento estos dos casos:

Un soldado que buscaba a un adolescente judío para llevarlo a los campos de concentración, llegó a la casa de la Señora Hassel. Se sospechaba que ahí lo tenían escondido. La señora Hassel, confiando en que Dios protegería a la pobre criatura, miró fijamente a los ojos al soldado y le dijo que hiciera lo que tuviera que hacer. Sin embargo el soldado no tuvo el valor de entrar a buscar al joven y se marchó. La señora Hassel no tuvo que mentir para salvarle la vida al joven. Dios siempre nos dará las palabras apropiadas o la sabiduría para actuar inteligentemente.

Otro caso similar.

Una señora y su hija tenían escondida una niña judía. Los soldados llegaron a buscar la niña. La señora viendo que los soldados se acercaban a su casa, confió que Dios haría algo y decidió sentarse a leer la Biblia. Cuando los soldados entraron y el jefe de la guardia la vio leyendo la Biblia, sencillamente se devolvió y no volvieron más.

> DONDE ALGUNOS PIENSAN QUE HAY QUE INVENTAR CUALQUIER EXCUSA PARA SALIR DE UN PROBLEMA, OTROS PREFIEREN ORAR Y ESPERAR QUE SE HAGA LA VOLUNTAD DE DIOS.

Donde algunos piensan que se puede ser un cristiano a medias, otros procuran la santificación día a día porque saben que la tibieza no les dará la victoria.

Alabo a Dios porque EL en su infinita sabiduría, ya tenía un plan antes de que el hombre cayera.

Satanás con sus mentiras ha querido arruinar la creación de Dios pero Dios tenía un plan maravilloso y ese plan se cumplió en la cruz. Cuando Satanás nos escogió para hacernos esclavos, ya mucho antes Jesús había decidido dar su vida en rescate por todos los que creen en él, para que volvamos a ser seres libres.

Dios tiene un pueblo sin mancha y sin mentira. La mentira hace al ser más pequeño. La verdad lo ennoblece.

Efesios lo dice muy claro:

Efesios 1:4

"Según nos escogió en él antes de la fundación del mundo, para que fuésemos santos y sin mancha delante de él."

El versículo no dice medio santos y con algunas manchas de mentiras. Dios busca una obediencia plena y EL mismo nos dará las fuerzas para ser vencedores.

Algunos creen que Dios tuvo que correr para enviar a Jesucristo a socorrer al hombre, pero el Dios infinito que todo lo sabe, había ideado un plan junto con Jesús y el Espíritu Santo, las tres divinas personas, desde la fundación del mundo.

No fue un plan al azar. Fue un plan divinamente planeado para ser ejecutado a su debido tiempo en caso que fuera necesario.

Aún nuestras oraciones deben de ser elevadas al Padre por medio del puente que es nuestro Señor Jesucristo. Tú no puedes orar al Padre ignorando a Jesucristo. Esa oración no saldrá siquiera de la caparazón de tu cráneo.

Efesios 5:20

"Dando siempre gracias por todo al Dios y Padre, en el nombre de nuestro Señor Jesucristo."

¿Vas entendiendo ahora lo vital que es Jesús en nuestra vida?

Jesús es aún más vital que el oxígeno que respiramos, porque sin el oxígeno, podemos morir en pocos segundos, pero sin Jesús, ni siquiera existirías.

Romanos 5:15 *Pero el delito de Adán no puede compararse con el don que Dios nos ha dado. Pues por el delito de un solo hombre, muchos murieron; pero el don que Dios nos ha dado gratuitamente por medio de un solo hombre, Jesucristo, es mucho mayor y en bien de muchos. 16 El pecado de un solo hombre no puede compararse con el don de Dios, pues por un solo pecado vino la condenación; pero el don de Dios, a partir de muchos pecados, hace justos a los hombres. 17 Pues si la muerte reinó como resultado del delito de un solo hombre, con mayor razón aquellos a quienes Dios, en su gran bondad y gratuitamente, hace justos, reinarán en la nueva vida mediante un solo hombre, Jesucristo. 18 Y así como el delito de Adán puso bajo condenación a todos los hombres, así también el acto justo de Jesucristo hace justos a todos los hombres para que tengan vida. 19 Es decir, que por la desobediencia de un solo hombre, muchos fueron hechos pecadores; pero, de la misma manera, por la obediencia de un solo hombre, muchos serán hechos justos.*

A pesar del maravilloso amor de Dios por cada ser humano, Satanás sigue engañando a multitudes, porque no van a la fuente de la verdad.

1 Pedro 5:8

"Sed sobrios, y velad; porque vuestro adversario el diablo, como león rugiente, anda alrededor buscando a quien devorar;"

Efesios 6:11

"Vestíos de toda la armadura de Dios, para que podáis estar firmes contra las asechanzas del diablo."

Santiago 4:7

"Someteos, pues, a Dios; resistid al diablo, y huirá de vosotros. 8Acercaos a Dios, y él se acercará a vosotros. Pecadores, limpiad las manos; y vosotros los de doble ánimo, purificad vuestros corazones."

Dado que existe la verdad y existe la mentira, todo ser humano deberá escoger de qué lado estar. La mentira te lleva a la muerte, la verdad te lleva a la vida eterna. Nadie puede servir a dos señores así que si estás en medio, también llevas la de perder. Dios no quiere nada a medias.

¿Sabías que podemos estar sinceramente equivocados?

El hecho de que estés sinceramente equivocado, no te salva. Saulo lo estaba, ¿y acaso porque Saulo estaba sinceramente equivocado, Dios aprobaba lo que hacía? ¡Claro que no! Tuvo que detenerlo cuando iba camino a Damasco, a buscar más cristianos para llevarlos a la cárcel. Por dicha Saulo cuando fue reprendido, fue humilde, y aceptó el llamado de Dios; y su cambio fue total. Hasta su nombre cambió a Pablo como símbolo de una entrega total a Jesús.

Muchas personas a través del tiempo, han creído encontrar la fecha exacta de la venida de Cristo, y han demostrado su confianza, regalando todo lo que tienen, o vendiéndolo y repartiéndolo, pero Cristo no vino en la fecha que pensaban. Esas personas estaban sinceramente creyendo en esa fecha, pero estaban sinceramente equivocados. No habían comprendido la profecía con exactitud, sin embargo los que se llevaron el chasco y eran sinceros, siguieron orando y estudiando la palabra de Dios, hasta que entendieron la profecía. Los falsos cristianos cuando se llevan un chasco, se decepcionan y se van porque no son cristianos sinceros sino que viven por emociones.

Quiera Dios que al conocer tú la verdad, puedas ser humilde como Pablo y aceptes su llamado. Si estás en la verdad después de leer este libro, te sentirás feliz pero si te das cuenta que estás sinceramente equivocado, ¿Qué harás?

¿Qué es la verdad? Esta pregunta ha surgido en la mente de los hombres por generaciones. El ser humano por naturaleza, busca una verdad en la cual creer. Un ser supremo a quien adorar, y buscar en amistad. Quiere sentirse seguro de que lo que cree es lo correcto, y que está en el lugar correcto, para ser bendecido, y poder ser de bendición para los demás.

¿Te imaginas qué triste es haber estado toda la vida equivocado y morir sin esperanza?

Cuando Cristo fue llevado ante Poncio Pilato, surgió esta pregunta. Poncio había sido advertido por su mujer, que no hiciera daño a aquel hombre, porque ella había tenido una visión, de que ese hombre que acusaban, era inocente. Poncio Pilato entonces le hace esta famosa pregunta a Jesús. Veamos Juan 18:38-¿Y qué es la verdad?-preguntó Pilato.

Pilato no preguntó con verdadero interés de conocer la verdad, sino más bien con curiosidad, porque su puesto era más importante, y no lo iba a arriesgar por aquel hombre. Dios le reveló que Jesús era la verdad pero aún así la rechazó.

A muchas personas hoy día les pasa lo de Pilato. Llegan a conocer la verdad pero no sienten el deseo de obedecerla y la ᵈejan de lado. Si bien es cierto todos tenemos el libre albedrío, ᵖᵗᵗión también traerá las consecuencias por eso es mejor ,de y escoger bien.

Muchos políticos no han cambiado mucho todavía. Buscan más su propio beneficio, que los del pueblo, por eso simplemente, Poncio Pilato se lavó las manos, como si con eso borrara su culpa, y entregó al Mesías siendo inocente. Hoy día muchas personas hacen lo mismo. Tienen curiosidad por conocer la verdad, pero cuando la llegan a conocer, la rechazan y siguen con sus tradiciones, engañándose y perdiéndose en la vanidad de este mundo.

El papa Benedicto XVI, dijo hace poco, que los judíos no deben culparse por la muerte de Jesús, y tiene razón porque no solo los judíos deben sentirse culpables, sino también Roma, pues siendo Pilato un empleado del gobierno romano, y teniendo el poder para dejar libre a Jesús, no lo hizo, sino que por amor a su puesto, lo condenó siendo inocente. Tanto peca el que juzga injustamente, como el que aprueba la acusación falsa. Los judíos rechazaron a Jesús y buscaron su propia ruina, y los romanos por condenar a Jesús y lavarse las manos, no dejan de ser igual de culpables. Así que la culpa es compartida. Ambos participaron de las mentiras y ambos son culpables. De la misma manera hoy día, todos condenamos a Cristo en la cruz por nuestros pecados, pero El nos perdona si lo aceptamos como nuestro Salvador.

Que agradable es saber que algunos judíos hayan conocido y aceptado a Jesús como su salvador y muchos más lo harán en los últimos tiempos. De igual manera, los romanos son llamados al arrepentimiento y si aceptan a Jesucristo como la única fuente de salvación, también tendrá Dios misericordia.

Si hay tanta confusión con respecto a la verdad, y todos dicen tener la verdad. ¿Cómo puedo entonces conocer la verdad?

Para conocer cuál es la verdad y poder más adelante contestar un test; te invito a pasar al siguiente capítulo, donde nos esperan algunas cosas muy interesantes.

CAPITULO 2

Como Conocer La Verdad

HAY VERDADES QUE son del diario vivir pero que nada tienen que ver con la salvación. Puedo contestarle con la verdad a un amigo que me pregunta por su mamá. Puedo contestarle con la verdad a mi jefe, sobre un trabajo que me pidió. Como estas verdades hay muchas, pero nada tienen que ver con nuestra salvación. Las verdades que nos interesan en esta ocasión, son verdades que están directamente relacionadas con nuestra vida eterna.

Hay cuatro características que nos ayudarán a conocer la verdad:

1- La verdad debe ser UNICA.

Es decir, la verdad debe ser la misma en Costa Rica y en China y en cualquier rincón del mundo y para todo ser humano, esa misma verdad es la que lo debería guiar. Dos más dos es igual a cuatro en cualquier parte del planeta. Así es la verdad.

2-La verdad debe ser UNIVERSAL.

Es decir, seis más uno es igual a siete. Siete es siete en China como lo es en tu país. Así ha de ser la verdad. Con el mismo valor en cualquier parte del planeta, sin cambiarle nada.

3-La verdad debe ser INVARIABLE.

Es decir, siete es siete de día o de noche, esté lloviendo o esté asoleado. La verdad no cambia. En todo tiempo es la misma.

4-La verdad debe ser ETERNA.

No es que después del Dios creador de este mundo, aparecerá otro dios y después otro. Solo hay una verdad que es eterna. Solo hay un Dios verdadero y eterno.

La verdad que nos interesa conocer en esta vida es la que nos lleva hacia la salvación. No tanto la verdad de tu jefe, o la verdad de tu mejor amigo, o de tu compañera o compañero. Eso es importante también, pero la verdad que nos lleva hacia la vida eterna, es la que deberíamos conocer a la perfección, porque está nuestra vida eterna en juego.

Veamos lo que dice Juan 4:23

"Pero se acerca la hora, y ha llegado ya, en que los <u>verdaderos adoradores</u> rendirán culto al Padre en espíritu y en verdad, porque así quiere el Padre que sean los que le adoren."

¿Que está diciendo este versículo? Está hablando que hay verdaderos adoradores, eso quiere decir que hay falsos adoradores también, o sea, hay personas adorando al mismo Dios, pero son adoradores falsos, ya sea porque no lo saben o porque aunque lo sepan, no quieren cambiar, porque ya es tradición en su familia.

Hay más de 400 denominaciones actualmente y de algunas de ellas, surgen cada día grupos nuevos que dicen enseñar la verdad, pero sus doctrinas son tan variadas entre unas y otras como lo es el día con la noche. Algunas doctrinas son totalmente incompatibles aun dentro de algunas de las mismas denominaciones.

¿Tendrán todas estas denominaciones la verdad?

¡Imposible! Puede que algunas tengan alguna verdad pero una verdad mezclada con mentira se convierte en una mentira completa. Satanás se especializa en enseñar verdades a medias. La iglesia de Dios es pura, santa y perfecta, además guarda y enseña todas las cinco verdades que están relacionadas directamente con nuestra salvación y que aquí iremos descubriendo.

Iniciemos entonces el estudio para descubrir qué es la verdad y vamos a usar el libro más leído de todos los tiempos.

La Biblia es el único libro que contiene la verdad. Cualquier otro libro puede tratar de imitarlo pero es solo una sombra. La Biblia es el único libro que ha prevalecido ante todo ataque enemigo, ya fuera en la hoguera en la inquisición o por reyes paganos que trataron de hacerla desaparecer. La Biblia es el único libro que transforma a las personas, y presenta cientos de profecías sin un solo error de cálculo, cumpliéndose todas en su momento. Todavía hay varias en desarrollo como la de Daniel 2 y otras más de Apocalipsis.

Si buscamos por ejemplo la definición de verdad en las personas, nos vamos a encontrar que cada persona cree similar o muy diferente lo que es verdad, en base a sus valores. No es lo mismo la definición de un ateo, a la definición de un cristiano, o de un musulmán. Casi cada persona tiene una idea de su propia verdad. Hasta los ladrones, creen decir la verdad cuando mienten. Veamos algunas definiciones.

1-Verdad es el conocimiento de lo que ya ha pasado.
2-Verdad es lo que me hace sentirme feliz.
3-Verdad es lo que me da confianza y me inspira.
4-Verdad es el conocimiento del bien.
5-Verdad es todo lo bueno que hacemos.
6-Verdad es lo que afirmamos sin mentir.
7-Verdad es lo que dice mi Madre.
8-Verdad es lo que me hace sentirme seguro.
9-Verdad es lo que aprendo y me ayuda a sentirme bien.
10-Verdad es lo que para otros es una mentira.
11-Verdad es lo que se conoce. Lo demás es incierto.
12-Verdad es lo que separa al bueno del malo.
13-Verdad es lo opuesto a la mentira.
14-Verdad es lo que a Dios le agrada.

Podría hacerles una lista interminable, pero si analizas estas 14, no tienen mucho sentido, ni mucho menos reflejan la verdad que queremos conocer; y algunas hasta se contradicen con las otras definiciones. Veamos ahora algunas definiciones de la verdad que nos presentan los diccionarios, y de paso, una vez más recordemos, que los diccionarios son hechos por personas de todo tipo, que incluso pueden ser ateos.

Diccionario Vox de la Lengua Española.

Definición de verdad según este diccionario:

Verdad: *Conformidad del pensamiento a la realidad. Conformidad de lo que se dice con lo que se siente.*

Diccionario Larousse

Definición de verdad según este diccionario:

Verdad: *Calidad de lo que es cierto. Conformidad de lo que se dice con la realidad.*

Veamos lo que decía Aristóteles:

Decir de lo que es que no es, o que no es que es, es lo falso; decir de lo que es, y de lo que no es que no es, es lo verdadero.

Aristóteles. Met; T, 7, 1011 b 26-8

En griego, la palabra verdad es *aleteia (*claro, transparente, que no está escondido, encerrado).

En hebreo la palabra verdad es *emeth* y se refiere a lo mismo (consistente, firme, sólido).

La inseguridad de una persona, es en parte porque no conoce la verdad, o no practica la verdad. La mentira es la que hace a una persona insegura, contradictoria. El Espíritu Santo nos convence de la verdad, pero también nos guía hacia esa verdad, y nos enseña a vivirla, y cuando permitimos que el Espíritu Santo haga este trabajo, nos convertimos en personas tranquilas, confiadas, felices y tenemos mayor control y equilibrio en las cosas que hacemos a diario.

Podríamos seguir haciendo una presentación infinita de lo que cada diccionario o persona define como verdad, es por eso que ante este drama, les invito a la mejor fuente que poseemos para que nos defina lo que es la verdad, la Biblia.

Permitamos que sea la misma Biblia que fue inspirada por Dios, la que nos guíe en el estudio de lo que es la verdad.

Les invito a que con reverencia iniciemos este estudio, que puede cambiar tu vida para siempre.

El próximo capítulo te presentará la primera verdad. Te invito a que en cada verdad, analices tu vida, para así saber, si vas por buen camino, o si hay que ir arreglando algunas cosas conforme avanzamos en el estudio. Te aconsejo que ores y te prepares. Que Dios te guíe en este estudio.

CAPITULO 3

La Primera Verdad

JUAN 17:3

"Y ésta es la vida eterna: que te conozcan a ti, el único Dios verdadero, y a Jesucristo, a quien has enviado."

1 Timoteo 1:17

"Por tanto, al Rey de los siglos, inmortal, invisible, al único y sabio Dios, sea honor y gloria por lo siglos de los siglos. Amén."

San Judas 25

"al único y sabio Dios, nuestro Salvador, sea gloria y majestad, imperio y potencia, ahora y por todos los siglos. Amén."

Encontramos entonces, que Dios es la primera verdad.

La primera verdad no es Júpiter, ni Venus, ni Baal, ni ninguna imagen o escultura, ni muchos otros falsos dioses, o santos, que algunas religiones han impuesto a sus creyentes, aprovechándose de la ignorancia de los pueblos, por no estudiar la palabra de Dios.

El único que es verdadero, el único que permanece es Dios. EL es, el principio y el fin, es el Alfa y la Omega. Es el creador del Universo y no hay Dios como EL. Cualquier otro dios, es solo invención humana, que con el tiempo se esfuma o el tiempo desgasta, y no tiene poder alguno.

Isaías 45:12

"Yo hice la tierra, y sobre ella formé a la humanidad. Mis propias manos extendieron los cielos, y di órdenes a sus constelaciones."

Génesis 1:26,27

"Entonces dijo Dios: Hagamos al hombre a nuestra imagen, conforme a nuestra semejanza; y señoree en los peces del mar, en las aves de los cielo, en las bestias, en toda la tierra, y en todo animal que se arrastra sobre la tierra. 27Y creó Dios al hombre a su imagen, a imagen de Dios lo creó; varón y hembra los creó."

Si notas el verbo "Hagamos" está en plural porque estaban en la creación: Dios padre, Dios Hijo y Dios Espíritu Santo.

¿Y la evolución?; Qué agradable saber que venimos de las manos de un Dios maravilloso y no de un proceso de microbios y largas transformaciones de animales extraños. Qué bueno es saber que las personas están volviendo a estudiar la Biblia para dejar la ignorancia en la que algunas iglesias sometieron a los hombres por siglos para tenerlos en la ruina y explotados.

Me pregunto qué piensan algunos científicos cuando ven este versículo de Génesis. ¿Será que se atreven a contradecir a su Creador? ¿Será que seres tan inferiores, se atreven a creerse más inteligentes que su propio Creador?

Me los imagino como una hormiga retando a un elefante a pelear. El elefante ni siquiera la tomaría en cuenta.

Quisiera compartir con ustedes, mi versículo preferido.

Isaías 41:10

"No temas, porque yo estoy contigo; no desmayes, porque yo soy tu Dios que te esfuerzo; siempre te ayudaré, siempre te sustentaré con la diestra de mi justicia."

Si queremos ser sustentados con su justicia, debemos ser esforzados en el orar, en el estudio de su palabra, en guiar a otros por el camino de la salvación, en apartarnos del mal, en vivir en la verdad.

Con este versículo, tuve una experiencia muy hermosa, hace unos años atrás; cuando en medio de un gran problema, Dios me mostró este versículo dos veces el mismo día, bajo circunstancias muy especiales, que me dieron la confianza de que Dios me estaba hablando. Decidí dejar el problema que me agobiaba en manos de Dios, y el problema desapareció.

La Biblia está llena de promesas y sabias palabras de este Dios maravilloso, para todo aquel que las quiera hacer suyas.

Salmo 55:22

"Echa sobre Jehová tu carga, y él te sustentará; No dejará para siempre caído al justo."

Salmo 37:23,24

"Por Jehová son ordenados los pasos del hombre, y él aprueba su camino. Cuando el hombre cayere, no quedará postrado, porque Jehová sostiene su mano."

Salmos 19:1,2

"Los cielos cuentan la gloria de Dios, y la expansión denuncia la obra de sus manos. Un día emite palabra a otro día, y una noche a otra noche declara sabiduría."

Dios no se reservó nada cuando decidió crear al ser humano. Le dio un hogar perfecto lleno de vida y variedad. Todo tipo de árbol con fruto abundante, un clima estable y paisajes maravillosos, coronados con grandes montañas, vestidas con todo tipo de maderas preciosas y flores multicolores, rodeadas de riachuelos cristalinos y llenos de vida con toda clase de aves y animales únicos. Los grandes monstruos marinos y los grandes dinosaurios, la hormiga y el pavo real, la oveja y el lobo, el león y el jaguar. Todos convivían en completa armonía, pero el hombre ha sido un pésimo administrador de lo que se le confió; pero aún así, ya Dios tenía un plan maravilloso, que aún el ser humano, no ha sabido apreciar.

No sé si notaste que hablé también de los dinosaurios. Poco a poco la arqueología ha ido encontrando pruebas suficientes que demuestran que los dinosaurios no vivieron hace millones de años como se creía, sino que también compartieron su hábitat con el hombre. Se han encontrado huellas de humanos sobre la huella de un dinosaurio y muchas pruebas más que las podemos encontrar en Internet como herramientas rudimentarias a la par de huesos de dinosaurios, ahora en exhibiciones en algunos museos. El hombre no tiene ni siete mil años sobre la tierra. Aun en la Biblia, si estudias las generaciones desde Adán, te darás cuenta de lo que digo.

Dios está permitiendo que todas estas pruebas salgan a la luz, a su debido tiempo, para que la fe no falte en los que le aman. El hombre por sí mismo es cada vez más torpe, pero cuando se conecta con la fuente que le da la vida, puede llegar a ser admirado aun por los enemigos.

EL QUE SIENTA TENERLO TODO SIN DIOS, REALMENTE SE ENGAÑA A SI MISMO PORQUE NO TIENE NADA, SI NO TIENE A DIOS.

Muchos creen que estamos avanzando hacia la superación de la raza humana pero es todo lo contrario. Las estaturas de los hombres antiguos y su longevidad, era asombrosa comparada con las generaciones actuales. Por siglos no había escritura pero la mente conservaba muy bien lo aprendido y se transmitía de boca en boca, de generación en generación. Hoy día, nuestra mente está tan atrofiada que si no anotamos el número de teléfono que nos dan, se nos olvida al instante. Cada día nos estamos degenerando más y más por la pésima alimentación basada en las carnes, los conservantes, las comidas refinadas, el incremento del pecado y el trabajo sedentario. La ciencia no ha podido todavía encontrar la forma de contrarrestar esta situación y el tiempo se acaba. El hecho de que se esté avanzando en tecnología y nuevas invenciones, no quiere decir que el hombre se esté superando, solo cree que puede sin Dios, vivir por sí mismo y así, poco a poco se va alejando más y más de su Creador. Un científico que no sea un cristiano firme, fácilmente será engañado por la astucia de Satanás, pensando que con sus descubrimientos, es más grande aunque esté fabricando armas o naves de guerra para combatir a sus hermanos.

Definitivamente el ser humano se está degenerando en lo espiritual, lo emocional y lo físico. La desobediencia a Dios es el resultado de todos los males.

San Juan 3:16

"Porque de tal manera amó Dios al mundo, que ha dado a su Hijo unigénito para que todo aquel que en ÉL cree, no se pierda, mas tenga vida eterna"

El ser humano anhela la vida eterna, y no descansa tratando de encontrar la fórmula en los laboratorios. Nunca la van a encontrar porque la fórmula es Jesús.

Jeremías 17:7

"Bendito el varón que confía en Jehová, y cuya confianza es Jehová."

1 Juan 4:8

"El que no ama no ha conocido a Dios, porque Dios es amor."

¿Cómo no buscar la compañía de un Dios que no se reservó ni a su propio hijo?

Ese es el Dios de nuestro planeta y de todo cuanto existe visible o invisible. Su carácter es amor y así lo demostró dando lo mas preciado de sí.

La raza humana se ha degenerado porque se ha apartado de la fuente que le dio la vida que es Dios.

¿Qué otro camino hay más seguro, si no el de reconocerlo a El y servirle?

San Juan 15:4 nos da un consejo sabio:

"Permaneced en mí, y yo en vosotros. Como el pámpano no puede llevar fruto por sí mismo, si no permanece en la vid, así tampoco vosotros, si no permanecéis en mí."

Muchas veces, el ser humano, cree que puede salir adelante solo, pero su vida se llena de problemas y cargas innecesarias, pudiendo haberse hecho su vida más feliz y productiva, si solo hubiera permanecido obediente a su Creador. *"Permanecer"* es no alejarse de El.

Dios es nuestro hacedor. El nos conoce mejor que nadie, y nos instruye por medio de su palabra. Conoce nuestras limitaciones y nos educa conforme a eso. Nunca terminaremos de conocer a Dios. Es como tratar de meter toda la arena de este planeta dentro de una botella. Eso es imposible. Por la eternidad lo seguiremos conociendo y amando cada día más.

Romanos 12:2

"No os conforméis a este siglo, sino transformaos por medio de la renovación de vuestro entendimiento, para que comprobéis cuál sea la buena voluntad de Dios, agradable y perfecta."

El mundo nos bombardea a cada instante con nuevas tecnologías, juegos electrónicos, y todo tipo de modas, y comodidades, que a veces, casi sin darnos cuenta, todas esas cosas nos esclavizan, y nuestros hijos son arrastrados tras todas estas atracciones, y nosotros como padres, a veces hasta los llevamos por ese camino sin ver el peligro tan grande que los acecha. En lugar de orientarlos a la palabra de Dios, los dejamos ser absorbidos por el mundo, y cuando nos damos cuenta, ya están en las drogas o aborrecen las cosas espirituales, porque su mente ya está llena de la basura del enemigo. No nos conformemos y sobre todo, como padres, seremos responsables por nuestras negligencias y falta de carácter, para educar a nuestros hijos.

He visto niños de familias que dicen ser cristianas con sus maquinitas dentro de la iglesia y mientras el pastor predica la palabra de Dios. Estos niños tienen la mente ocupada en estos juegos que a veces presentan violencia y más tarde eso se reflejará en su carácter y terquedad hacia las cosas de Dios. Si no aprenden a tener reverencia en la casa de Dios, menos la tendrán en el hogar o sus lugares de estudio o de trabajo y esto les traerá muchos problemas.

El *"viernes negro"* en los Estados Unidos y otros países, es un ejemplo claro del afán del ser humano por las cosas de este mundo, y aun algunos que dicen ser cristianos, arriesgan hasta su salud, por ser uno de los primeros, en obtener estos productos.

Mateo 6:21

"Porque donde esté vuestro tesoro, allí estará también vuestro corazón."

Deuteronomio 6:5

"Y amarás a Jehová tu Dios de todo tu corazón, y de toda tu alma, y con todas tus fuerzas."

Si te estabas preguntando cuánto debemos amar a Dios, ahí está la respuesta. Dios espera de nosotros una entrega total, porque mientras no sea total, Satanás nos estará venciendo en cada tentación, porque nuestro corazón, estará dividido.

Apliquemos las cuatro características que debe tener la verdad a ver si Dios pasa la prueba.

1-¿Es Dios único?

Claro que es único. No hay otro dios como EL. Todos los dioses de las culturas pasadas terminaron ignorados o dañados con el tiempo. Olvidados en las ruinas. Dios es el único que permanece, vive y salva. EL es el gran "Yo soy". Por eso su segundo mandamiento dice que no tendremos otros dioses delante de él, ni nos postraremos ante estas imágenes que no tienen poder ni escuchan. Solo hay un verdadero Dios.

Algunos versículos que refuerzan lo que digo:

Salmo 72:18

"Bendito Jehová Dios, el Dios de Israel, El único que hace maravillas."

San Marcos 12:29

"Jesús le respondió: El primer mandamiento de todos es: Oye, Israel; el Señor nuestro Dios, el Señor uno es."

San Marcos 12:32

"Entonces el escriba le dijo: Bien, Maestro, verdad has dicho, que uno es Dios, y no hay otro fuera de él;"

San Juan 5:44

"¿Cómo podéis vosotros creer, pues recibís gloria los unos de los otros, y no buscáis la gloria que viene del Dios único?"

Romanos 16:27

"al único y sabio Dios, sea gloria mediante Jesucristo para siempre. Amén."

2-¿Es Dios Universal?

Claro que Dios es Universal. Es Dios en todo el Universo. No hay otro creador. Es el mismo Dios en Puerto Rico y Venezuela. Nadie está buscando a ver si hay otro Dios en otro sistema solar. El es el Creador de todo cuanto existe y existirá.

San Juan 17:3

"Y ésta es la vida eterna: que te conozcan a ti, el único Dios verdadero, y a Jesucristo, a quien has enviado.

Gálatas 3:20

"Y el mediador no lo es de uno solo; pero Dios es uno."

1 Timoteo 2:5

"Porque hay un solo Dios, y un solo mediador entre Dios y los hombres, Jesucristo hombre,"

3-¿Es Dios Invariable?

Claro que Dios es invariable. Si él dio los diez mandamientos no los dio solo para luego abolirlos. Los dio para toda la humanidad. Su ley es para que se rijan todas las naciones y pobladores del mundo, y permanece para siempre. Su ley representa su carácter y es inseparable del dador de la ley.

Las leyes que se dieron temporales para el santuario, como intercesión de los sacerdotes y sacrificios de animales, en su tiempo fueron necesarias, pero representaban al verdadero cordero, que vino a morir en la cruz, y cuando esto se cumplió, estas leyes dadas a Moisés, caducaron. Dios no te ama si te portas bien. Te ama porque tú eres su hijo, pero si eres un buen hijo, le darás muchas alegrías, pero si lo desprecias, siempre te amará y estará esperando tu regreso. Dios no puede negarse a sí mismo. El que se pierda, será porque rechazó la fuente de la salvación, Jesucristo.

Malaquías 3:6

"Porque yo Jehová no cambio; por esto, hijos de Jacob, no habéis sido consumidos."

4-¿Es Dios Eterno?

Claro que es eterno. Hay varios versículos que hablan de su inmortalidad. Solo por citar algunos:

Salmo 10:16

"Jehová es Rey eternamente y para siempre; De su tierra han perecido las naciones."

1 Timoteo 1:17

"Por tanto, al Rey de los siglos, inmortal, invisible, al único y sabio Dios, sea honor y gloria por los siglos de los siglos. Amén."

1 Timoteo 6:16

"el único que tiene inmortalidad, que habita en luz inaccesible; a quien ninguno de los hombres ha visto ni puede ver, al cual sea la honra y el imperio sempiterno. Amén."

Apocalipsis 1:8

"Yo soy el Alfa y la Omega, principio y fin, dice el Señor, el que es y que era y que ha de venir, el Todopoderoso."

ALGUNAS CUALIDADES DE DIOS

DIOS ES SANTO:

Dios es santo y lo encontramos en varias citas: Podríamos citar a Isaías 6:3

"Y el uno al otro daba voces, diciendo: Santo, santo, santo, Jehová de los ejércitos; toda la tierra está llena de su gloria."

1 Pedro 1:15,16

"sino, como aquel que os llamó es santo, sed también vosotros santos en toda vuestra manera de vivir; 16porque escrito está: Sed santos, porque yo soy santo."

DIOS ES ETERNO:

También hay varias citas que lo confirman.

Génesis 21:33

"Y plantó Abraham un árbol tamarisco en Beerseba, e invocó allí el nombre de Jehová Dios eterno."

Salmos 90:2

"Antes que naciesen los montes y formases la tierra y el mundo, Desde el siglo y hasta el siglo, tú eres Dios."

DIOS ES OMNISCIENTE:

Podríamos citar todo el salmo 139

Dios conoce lo más íntimo de nuestros pensamientos. A Dios nadie lo puede engañar porque EL ve el corazón o en otras palabras, la mente y todo lo que maquinemos, sea bueno o malo. Es muy importante entender esto para pedir a Dios perdón por nuestros malos pensamientos, aunque no los hayamos llevado a la acción. Todo mal pensamiento acariciado se tomará en cuenta como un pecado no confesado.

También lo menciona Isaías 46:9,10

"Acordaos de las cosas pasadas desde los tiempos antiguos; porque Yo soy Dios, y no hay otro Dios, y nada hay semejante a mí, 10que anuncio lo por venir desde el principio, y desde la antigüedad lo que aún no era hecho; que digo: Mi consejo permanecerá, y haré todo lo que quiero."

Hay varios versículos más, inclusive en el Apocalipsis.

DIOS ES SABIO:

Salmo 104:24

"¡Cuán innumerables son tus obras, oh Jehová! Hiciste todas ellas con sabiduría; La tierra está llena de tus beneficios."

Romanos 11:33

"¡Oh profundidad de las riquezas de la sabiduría y de la ciencia de Dios! ¡Cuán insondables son sus juicios, e inescrutables sus caminos!"

1 Juan 3:20

"pues si nuestro corazón nos reprende, mayor que nuestro corazón es Dios, y él sabe todas las cosas."

DIOS ES JUSTO:

Salmos 7:11

"Dios es juez justo, y Dios está airado contra el impío todos los días."

1 Corintios 4:4,5

"Porque aunque de nada tengo mala conciencia, no por eso soy justificado; pero el que me juzga es el Señor. 5Así que, no juzguéis nada antes de tiempo, hasta que venga el Señor, el cual aclarará también lo oculto de las tinieblas, y manifestará las intenciones de los corazones; y entonces cada uno recibirá su alabanza de Dios."

DIOS ES OMNIPOTENTE:

Salmos 33:9,10

"Porque él dijo, y fue hecho; El mandó, y existió. 10 Jehová hace nulo el consejo de las naciones, y frustra las maquinaciones de los pueblos."

Salmos 135:6,7

"Todo lo que Jehová quiere, lo hace, En los cielos y en la tierra, en los mares y en todos los abismos. 7Hace subir las nubes de los extremos de la tierra; Hace los relámpagos para la lluvia; Saca de sus depósitos los vientos."

Podríamos seguir con una gran lista de cualidades de Dios, como su gran misericordia, clemencia, magnanimidad y muchos atributos más que nos hacen acercarnos a El en confianza. Dios es inmutable. Lo que dice lo cumple. Las promesas maravillosas de su regreso están aseguradas en su palabra. El triunfo de los que lo busquen y lo acepten, es un triunfo seguro. Podemos dormir seguros en las manos de Dios. Dios es infinito, lleno de amor y bondad. Dios es omnipresente, Santo y aún nos quedamos cortos en sus atributos.

¿Cómo no debemos ir a El confiados?

Depositemos nuestras cargas a sus pies y EL nos sostendrá.

Nombres de Dios:

Isaías 9:6

Admirable, consejero, Dios fuerte, Padre Eterno, Príncipe de paz

Éxodo 15:2

EL (Significa el mas fuerte, no hay otro dios como EL)

Isaías 7:14

Emanuel (Significa Dios con nosotros)

Estos son solo algunos pero se pueden encontrar muchos más.

Dios es una de las cinco verdades del verdadero cristiano. Toda persona que dice ser un cristiano verdadero, no puede tener ausente en su vida esta verdad.

Cualquier otra cosa, que esté ocupando el primer lugar en tu vida, es un dios falso y no te podrá salvar en el gran día del juicio.

Escudriña tus pensamientos, escudriña tu corazón y pregúntate si Dios está ocupando el primer lugar en tu existencia.

El joven rico pensaba que Dios estaba primero en su vida, pero cuando se acercó a Jesús, se dio cuenta de su verdadera situación. El joven se había sentido toda su vida como un verdadero cristiano, pero era solo fachada, su corazón estaba afanado por las riquezas de este mundo.

Muchas personas creen que por pertenecer a una iglesia, ya son cristianos, pero puede que sus planes vayan totalmente en otra dirección de lo que Dios le pide.

Muchos no se toman el tiempo para meditar con Dios y auto examinarse periódicamente, para ver si está en el camino correcto. Algunos tienen la mentalidad de que si llegan a hacer bastante dinero, le pueden ayudar mejor a Dios, como si Dios no fuese el dueño del Universo. Son solo excusas para afanarse por algo que cree que los llena, pero por más que tengan, solo querrán más, y al final de sus días, otro, que tal vez ni le importen las cosas de Dios, lo desperdiciará en necedades.

¿Quién ocupa el primer lugar en tu corazón?

Si tu situación es similar a la del joven rico, estás en dificultades, pero no te desanimes, sigamos adelante y tal vez haya aún esperanza para ti. El joven rico rechazó la oportunidad, y prefirió perderse tras los placeres de este mundo.

Te invito a que avancemos al siguiente capítulo para descubrir la segunda verdad.

CAPITULO 4

La Segunda Verdad

JUAN 14:6

"Jesús le dijo: Yo soy el camino, y la verdad, y la vida; nadie viene al Padre, sino por mí."

Jesús es Dios. El vino a vivir y enseñar la verdad. Con respecto a este punto, aún hay personas que están confundidas y lo explicaremos mas adelante para probar que Jesús es Dios.

Nuestra mente finita, tiene dificultades algunas veces para asimilar ciertas situaciones, no porque la mente no sea capaz, sino porque tantos años de pecado y decadencia moral, ha provocado un efecto negativo en la mente de las personas.

Un ejemplo sencillo lo podríamos hacer con el agua. El agua se puede presentar en tres estados: Líquida, sólida y gaseosa y en cada uno de sus estados, puede tener diferentes funciones o aplicaciones, pero no deja por eso de ser agua. De igual manera Dios se puede presentar en forma de Dios Padre, Dios Hijo y Dios Espíritu Santo. En este capítulo estaremos conociendo más de Jesús, y lo vital que es para el ser humano.

La palabra de Dios presenta varias ocasiones donde se manifiestan las tres divinas personas. Cuando Jesús fue bautizado por Juan el Bautista, Dios habló y dijo *"este es mi Hijo amado en quien tengo complacencia"*, luego apareció el Espíritu Santo en forma de paloma y se posó sobre él. Esto lo encontramos en San Mateo capítulo 3:13-17

"Entonces Jesús vino de Galilea a Juan, al Jordán, para ser bautizado de él.

14 Mas Juan le resistía mucho, diciendo: Yo he menester ser bautizado de ti, ¿y tú vienes a mí?

15 Empero respondiendo Jesús le dijo: Deja ahora, porque así nos conviene cumplir toda justicia. Entonces le dejó.

16 Y Jesús, después que fue bautizado, subió luego del agua; y los cielos le fueron abiertos, y vio al Espíritu de Dios que descendía como paloma, y venía sobre él.

17 Y he aquí una voz de los cielos que decía: Este es mi Hijo amado, en el cual tengo contentamiento."

Aquí se ve claramente al Dios triuno actuando. La palabra trinidad no aparece en la Biblia pero el concepto, la esencia sí lo está y desde la misma creación cuando Dios dice hagamos, ya está hablando en plural. El concepto de un Dios triuno aparece desde el Génesis hasta el Apocalipsis.

Jesús no nació por casualidad. Hay muchas profecías que anunciaban su nacimiento y lugar. Por ejemplo, Miqueas 5:2 profetizó:

"Pero tú, Belén Efrata, pequeña para estar entre las familias de Judá, de ti me saldrá el que será Señor en Israel; y sus salidas son desde el principio, desde los días de la eternidad."

Esta profecía se cumplió cabalmente y encontramos su cumplimiento en Lucas 2:4, 5,7

"Y José subió de Galilea, de la ciudad de Nazaret, a Judea, a la ciudad de David, que se llama Belén, por cuanto era de la casa y familia de David; para ser empadronado con María su mujer, desposada con él, la cual estaba encinta…..Y dio a luz a su hijo primogénito, y lo envolvió en pañales, y lo acostó en un pesebre, porque no había lugar para ellos en el mesón."

Lucas 2:11,12

"Que os ha nacido hoy, en la ciudad de David, un Salvador, que es CRISTO el Señor. Esto os servirá de señal: Hallaréis al niño envuelto en pañales, acostado en un pesebre."

Hay muchas profecías en la palabra de Dios que profetizaban acerca de Jesús y todas se cumplieron a la perfección. De Mahoma y otros llamados profetas de otras religiones, no hay una sola profecía ni de su nacimiento, ni de su ministerio, ni de su muerte, mucho menos de su resurrección.

Filipenses 2:6-8

"el cual, siendo en forma de Dios, no estimó el ser igual a Dios como cosa a que aferrarse, 7sino que se despojó a sí mismo, tomando forma de siervo, hecho semejante a los hombres; 8Y estando en la condición de hombre, se humilló a sí mismo, haciéndose obediente hasta la muerte, y muerte de cruz."

Hubo un grupo de ángeles que se asemejaban a una estrella brillante que fueron los que guiaron a los reyes magos hasta el pesebre. La fecha de la muerte de Jesús, estaba escrita muchos siglos atrás, y sucedió sin fallar un solo día. Estas son solo unas pocas referencias de que Jesús no era un hombre común, como algunos lo quieren afirmar. Jesús mismo dijo que resucitaría al tercer día, y luego apareció a más de 500 personas, para dejar firme que la tumba no lo podía retener, y para dejar suficientes testigos, porque sabía que el mismo poder que lo había mandado a crucificar, iba a negar su resurrección.

Gálatas 4:4,5

"Pero cuando vino el cumplimiento del tiempo, Dios envió a su Hijo, nacido de mujer, hecho súbdito a la ley."

Como nos muestra este versículo, *"cuando vino el cumplimiento del tiempo"* vino Jesús. Todo el plan de salvación, estaba fijado mucho antes de que las cosas ocurrieran. Los que tengan oportunidad de leer mi segundo libro titulado CRISIS MUNDIAL, CASUALIDAD O PROFECIA? Tendrán la oportunidad de entender la maravillosa profecía de Daniel 2, que se ha estado cumpliendo a la perfección y alcanza hasta nuestros días.

Mateo 2:23

"Y vino y habitó en la ciudad que se llama Nazaret, para que se cumpliese lo que fue dicho por los profetas, que habría de ser llamado Nazareno."

¿Quién más podría decir? *"Yo soy la resurrección y la vida; el que cree en mí, aunque esté muerto, vivirá."* Juan 11:25

¿Vas comprendiendo?

Cualquier persona que crea en Jesús y lo acepte, aunque muera creyendo así, resucitará para tener vida eterna. ¿Qué va a pasar con esos grupos que Satanás tiene engañados y que minimizan el poder de Jesús haciéndolo pasar como un hombre cualquiera? No tendrán el puente que une el cielo con la tierra y perecerán por su necedad.

Mateo 8:27

"Y los hombres se maravillaron, diciendo: ¿Qué hombre es éste, que aun los vientos y el mar le obedecen?

En San Juan capítulo 8 encontramos una situación muy interesante. Algunos judíos le estaban haciendo preguntas a Jesús. En el versículo 51 comienza Jesús diciendo:

51 *"De cierto, de cierto os digo, que el que guarda mi palabra, nunca verá muerte"*
52 Entonces los judíos le dijeron: *Ahora conocemos que tienes demonio. Abraham murió, y los profetas; y tú dices: El que guarda mi palabra, nunca sufrirá muerte.53 ¿Eres tú acaso mayor que nuestro padre Abraham, el cual murió? ¡Y los profetas murieron! ¿Quién te haces a ti mismo?*
54Respondió Jesús: *Si yo me glorifico a mí mismo, mi gloria nada es; mi Padre es el que me glorifica, el que vosotros decís que es vuestro Dios. 55Pero vosotros no le conocéis; mas yo le conozco, y si dijere que no le conozco, sería mentiroso como vosotros; pero le conozco y guardo su palabra. 56Abraham vuestro padre se gozó que había de ver mi día; y lo vio, y se gozó.*
57 Entonces le dijeron los judíos: *Aún no tienes cincuenta años, ¿y has visto a Abraham?*
58 Jesús les dijo: *De cierto, de cierto os digo: <u>Antes que Abraham fuese, Yo soy.</u>*

Jesús estaba diciendo la verdad porque es Dios, pero los judíos no lo entendían.

Jesús hizo tantas y tantas maravillas, que nadie puede decir que era un hombre común y corriente. Solo una persona que desea perderse, puede negar a Jesús, pues tiene todo un mundo de pruebas a su alrededor, solo que no hay peor ciego que el que no quiere ver.

Hay personas que se atreven a dudar de que Jesús es Dios, pero vamos a presentarles algunos otros versículos clave, pues la Biblia está llena de ellos, para que usted deje esa idea de lado, pues eso es lo que Satanás quiere que creamos. La Biblia es clara en afirmar que Jesús es Dios. Satanás ha inventado todo tipo de formas falsas de adoración a imágenes y cualquier otra cosa que desvíe la adoración hacia Jesús. La gran Babilonia y sus rameras están llenas de doctrinas mentirosas para confundir a los hombres. Hay millones de personas sedientas de conocer la verdad. La mejor forma de conocerla es estudiando con oración la palabra de Dios. Pedir que el Espíritu Santo te guíe a la verdad y luego será más fácil encontrar una iglesia que guarde esas verdades.

Veamos estos versículos:

Isaías 9:6

"Porque un niño nos es nacido, hijo nos es dado, y el principado sobre su hombro; y se llamará su nombre Admirable, Consejero, Dios Fuerte, Padre Eterno, Príncipe de Paz."

Mateo 1:21

"Y dará a luz un hijo, y llamarás su nombre JESUS, porque él salvará a su pueblo de sus pecados."

Aquí hay una de tantas claves que demuestran que Jesús es Dios. ¿Cómo podría Jesús salvar de los pecados si no fuera Dios? Ningún ser creado puede salvar. Jesús ha existido siempre al igual que el Padre. Por eso puede salvar, y por eso puede crear de la nada, y por eso Lucifer se sentía celoso, pues siendo un ser creado quería ser como Dios y eso era imposible.

Mientras vamos desarrollando el tema de la verdad, estaremos aportando más versículos clave que te demostrarán que Jesús es Dios.

Juan 14:6

"Jesús le dijo: Yo soy el camino, y la verdad, y la vida; nadie viene al Padre, sino por mí."

Mateo 10:1

"Entonces llamando a sus doce discípulos, les dio autoridad sobre los espíritus inmundos, para que los echasen fuera, y para sanar toda enfermedad y toda dolencia."

¿Puede un hombre común y corriente tener esta autoridad y poder?

¡Definitivamente, no!

Mateo 14:14

"Y saliendo Jesús, vio una gran multitud, y tuvo compasión de ellos, y sanó a los que de ellos estaban enfermos."

Repito:

"tuvo compasión de ellos, y sanó a los que de ellos estaban enfermos"

Jesús conoce nuestras angustias y nos puede sanar si confiamos en EL.

Juan 6:1-12 *"Después de esto, Jesús fue al otro lado del mar de Galilea, el de Tiberias. 2Y le seguía gran multitud, porque veían las señales que hacía en los enfermos. 3Entonces subió Jesús a un monte, y se sentó allí con sus discípulos. 4Y estaba cerca la pascua, la fiesta de los judíos. 5Cuando alzó Jesús los ojos, y vio que había venido a él gran multitud, dijo a Felipe: ¿De dónde compraremos pan para que coman éstos? 6Pero esto decía para probarle; porque él sabía lo que había de hacer. 7Felipe le respondió: Doscientos denarios de pan no bastarían para que cada uno de ellos tomase un poco. 8Uno de sus discípulos, Andrés, hermano de Simón Pedro, le dijo: 9Aquí está un muchacho, que tiene cinco panes de cebada y dos pececillos; mas ¿Qué es esto para tantos? 10Entonces Jesús dijo: Haced recostar la gente. Y había mucha hierba en aquel lugar; y se recostaron como en número de cinco mil varones. 11Y tomó Jesús aquellos panes, y habiendo dado gracias, los repartió entre los discípulos, y los discípulos entre los que estaban recostados; asimismo de los peces, cuanto querían. 12Y cuando se hubieron saciado, dijo a sus discípulos: Recoged los pedazos que sobraron, para que no se pierda nada."*

¿No es de admirar?

Para Jesús no había nada imposible, porque estaba en todo tiempo conectado con el Padre.

¿Te imaginas el poder que tiene un cristiano a su disposición si solo quiere creer y conectarse con EL?

Dios no es indiferente a nuestras necesidades. Jesús tiene compasión de ti, y sabe lo que necesitas, aún antes de que se lo pidas, y se preocupa por tu bienestar. Búscalo y serás grandemente bendecido, pero no lo busque solamente por el pan.

Muchos de los que seguían a Jesús, lo hacían no tanto porque lo amaban, sino porque veían los poderes que tenía y que podía asegurarles el pan, y la protección del yugo romano, pero fueron pocos los que realmente lo amaron y lo comprendieron.

Hebreos 13:8

"Jesucristo es el mismo ayer, y hoy, y por los siglos."

Si quitamos a Jesús del plan de salvación sería como si tu quisieras atravesar el gran cañón del colorado por la parte de arriba y caminando sin utilizar ningún medio adicional.

¡Simplemente imposible!

Su profundidad en algunos lugares alcanza hasta los 1600 metros, y su anchura en algunas zonas es hasta de 16 kilómetros.

2 Corintios 5:17

"De modo que si alguno está en Cristo, nueva criatura es; las cosas viejas pasaron; he aquí todas son hechas nuevas."

No hay persona que llegue a conocer a Cristo y que permanezca igual. Si permite que Cristo lo transforme, hasta sus familiares se pueden asombrar. Los planes y los pensamientos cambian, y lo que lo afanaba es echado de lado, porque ahora hay cosas mucho mas importantes para hacer y planear. Los talentos que estaban archivados, ahora salen a la luz y la persona comienza a hacer cosas que antes le eran imposibles de realizar.

Pareciera que Dios activara partes de nuestro cerebro para darnos el potencial de realizar alguna misión en especial, y luego es probable que la persona vuelva a la normalidad o se le active otra parte del cerebro para capacitarlo para otro tipo de misión.

Yo nunca creí que pudiera publicar un libro, pero ahora siento un enorme placer de hacerlo, porque siento que es un medio que Dios puede utilizar para llegar a personas que están tan lejos que yo nunca podría, tal vez, visitar. Ahora que estoy publicando varios libros, me asombro de ver la facilidad con la que me llega la información y mis dedos a veces se cansan de tanto escribir, pero lo hago con tanta satisfacción que a veces olvido el dolor.

Pareciera que una parte de mi cerebro se ha activado con tanta fuerza, que cuando termino de escribir un libro, otros muchos más me están esperando para que los escriba y los publique.

Cada uno de mis libros lleva un mensaje de verdad y esperanza y estoy seguro que miles conocerán de la verdad por este hermoso ministerio.

No te admires si de pronto te das cuenta que hay talentos en tu vida que no habías descubierto y comienzan a fructificar. Aun las personas cercanas pueden quedarse confundidas, y algunas hasta sentirán envidia, pero los verdaderos cristianos se alegrarán contigo. Sin embargo, recordemos que nadie es profeta en su propia casa. Aun Jesús no hizo muchos milagros en su casa o en su pueblo, pues muchos le tenían envidia.

Recordemos que nosotros no vivimos por los demás.

Nosotros ahora somos de Cristo y es a EL al que debemos de obedecer. Que no nos afecte el ambiente que nos rodea, excepto que sea para confirmar aún más nuestra lealtad y amor a Cristo.

He estado orando muchos años a Dios pidiéndole el honor de servirle de alguna manera. Cuando comencé a escribir mi primer libro, sentí una energía tan fuerte que lo terminé en tiempo record, pero no solo eso. Cuando traté de escribir un segundo libro, para ver si esa energía persistía, me dí cuenta que era la misma fuerza que me animaba. Hoy estoy más que convencido, que Dios me ha llamado a este ministerio, pues no he terminado mi cuarto libro cuando ya tengo cientos de libros más esperando que los haga realidad.

Espero que este libro que ha llegado a tus manos, sea un nuevo despertar en tu vida y refuerce tus vínculos con Dios.

El evangelio de San Juan, en su primer capítulo nos presenta una vez más que Jesús es Dios. No es un ser inferior como Satanás y sus iglesias quieren presentarlo.

San Juan 1:1 *"En el principio era el Verbo, <u>y el Verbo era con Dios, y el Verbo era Dios.</u> 2Este era en el principio con Dios. 3 Todas las cosas por él fueron hechas, y sin él nada de lo que ha sido hecho, fue hecho. 4 En él estaba la vida, y la vida era la luz de los hombres. 5 La luz en las tinieblas resplandece, y las tinieblas no prevalecieron contra ella. 6 Hubo un hombre enviado de Dios, el cual se llamaba Juan. 7 Este vino por testimonio, para que diese testimonio de la luz, a fin de que todos creyesen por él 8 No era él la luz, sino para que diese testimonio de la luz. 9 <u>Aquella luz verdadera, que alumbra a todo hombre, venía a este mundo. 10 En el mundo estaba, y el mundo por él fue hecho; pero el mundo no le conoció. 11 A lo suyo vino, y los suyos no le recibieron.</u> 12 Mas a todos los que le recibieron, a los que creen en su nombre, les dio potestad de ser hechos hijos de Dios; 13 los cuales no son engendrados de sangre, ni de voluntad de carne, ni de voluntad de varón, sino de Dios. 14 <u>Y aquel Verbo fue hecho carne, y habitó entre nosotros</u> (Y vimos su gloria, gloria como del unigénito del Padre), lleno de gracia y de verdad. 15 <u>Juan dio testimonio de él, y clamó diciendo: Este es de quien yo decía: El que viene después de mí, es antes de mí; porque era primero que yo.</u> 16 Porque de su plenitud tomamos todos, y gracia sobre gracia. 17 Pues la ley por medio de Moisés fue dada, pero <u>la gracia y la verdad vinieron por medio de Jesucristo.</u> 18 A Dios nadie le vio jamás; el unigénito Hijo, que está en el seno del Padre, él le ha dado a conocer."*

Si usted analiza con oración este capítulo, encontrará muy claro que Jesús estaba desde el principio, y el Verbo era Dios, y ese Verbo se hizo carne. Está muy claro pero hay un sin fin más de versículos que demuestran que Jesús es Dios.

Cuando las personas se arrodillaban delante de Jesús, no los regañaba, porque podían hacerlo. El era Dios y permitía que se lo adorase.

Los ángeles, no permiten ser adorados. Solo Dios puede ser adorado.

Más adelante veremos un ejemplo de lo que les estoy compartiendo porque hay varias ocasiones donde los ángeles se negaron a aceptar adoración.

Jesús sí permite ser adorado porque es igual a Dios.

San Mateo 14:33

"Entonces los que estaban en la barca vinieron y le adoraron, diciendo: Verdaderamente eres Hijo de Dios."

San Mateo 28:9

"he aquí, Jesús les salió al encuentro, diciendo: ¡Salve! Y ellas, acercándose, abrazaron sus pies, y le adoraron."

San Lucas 24:51,52

"Y aconteció que bendiciéndolos, se separó de ellos, y fue llevado arriba al cielo. 52Ellos, después de haberle adorado, volvieron a Jerusalén con gran gozo;"

Hay hombres en la tierra que les gusta sentirse como dioses y permiten que otras personas se les arrodillen. Dios no dejará sin castigo a los que quieran usurpar su trono.

¿Se acuerdan de las tentaciones de Satanás a Jesús en el desierto?

Satanás buscaba que Jesús se arrodillara delante de él.

Analicemos este versículo:

San Mateo 4:8

"Otra vez le llevó el diablo a un monte muy alto, y le mostró todos los reinos del mundo y la gloria de ellos, 9y le dijo: Todo esto te daré, si postrado me adorares.

¿Te das cuenta?

Satanás queriendo usurpar el honor que solo le pertenece a Dios.

En otra ocasión estudiaremos más sobre las tentaciones que pasó Jesús en el desierto. Por ahora te aconsejo que leas todo el Capítulo 4:1-11 de Mateo.

1 Entonces Jesús fue llevado del Espíritu al desierto, para ser tentado del diablo.
2 Y habiendo ayunado cuarenta días y cuarenta noches, después tuvo hambre.
3 Y llegándose a él el tentador, dijo: Si eres Hijo de Dios, di que estas piedras se hagan pan.
4 Mas él respondiendo, dijo: Escrito está: No con solo el pan vivirá el hombre, mas con toda palabra que sale de la boca de Dios.
5 Entonces el diablo le pasa a la santa ciudad, y le pone sobre las almenas del templo,
6 Y le dice: Si eres Hijo de Dios, échate abajo; que escrito está:

A sus ángeles mandará por ti,
Y te alzarán en las manos,
Para que nunca tropieces con
tu pie en piedra.

7 Jesús le dijo: Escrito está además: No tentarás al Señor tu Dios.
8 Otra vez le pasa el diablo a un monte muy alto, y le muestra todos los reinos del mundo, y su gloria,
9 Y dícele: Todo esto te daré, si postrado me adorares.

10 Entonces Jesús le dice: Vete, Satanás, que escrito está: Al Señor tu Dios adorarás y a él solo servirás.
11 El diablo entonces le dejó. Y he aquí los ángeles llegaron y le servían.

Hay varias ocasiones en la palabra de Dios, donde en un momento de confusión, algunos hombres santos casi se arrodillan por error. Vamos a ver uno que se encuentra en Apocalipsis 22:8,9

"Yo Juan soy el que oyó y vio estas cosas. Y después que las hube oído y visto, me postré para adorar a los pies del ángel que me mostraba estas cosas. 9Pero él me dijo: Mira, no lo hagas; porque yo soy consiervo tuyo, de tus hermanos los profetas, y de los que guardan las palabras de este libro. Adora a Dios."

El ángel tenía bien claro, que solo delante de Dios nos podemos postrar, y no permitió que el apóstol Juan, se arrodillara delante de él.

San Juan 14:8,9

"Felipe le dijo: Señor, muéstranos el Padre, y nos basta. 9 Jesús le dijo: ¿Tanto tiempo hace que estoy con vosotros, y no me has conocido, Felipe? El que me ha visto a mí, ha visto al Padre; ¿Cómo, pues, dices tú: Muéstranos el Padre?"

Muchas personas se afanan por tener un cuerpo saludable y dedican horas y horas para lograrlo. También dedican casi toda su vida para tener una buena profesión y lograr así tener una vida estable, una casa bonita y un buen auto y pareciera que lo tienen todo, pero posiblemente en todo ese trayecto Dios no ha sido parte de su agenda.

¡Cuidado! Analiza tu agenda para ver en qué lugar tienes a Jesús y si no lo tienes, más te vale que lo pongas en primer lugar cada mañana, porque si no, todo lo que logres, no te hará ni verdaderamente feliz ni mucho menos todo lo que acumules, te saciará.

¿De qué vale un cuerpo atlético y un buen título si al final vas a perder la vida eterna?

La verdadera paz y felicidad viene al estar en compañía con el Salvador del mundo. Si Dios retirara su espíritu de ti, hasta ahí llegarían todas tus vanidades. Morirías al instante, pero alabo a Dios que es un Dios de amor y misericordia y nos tiene gran paciencia, que sin merecer nada está a nuestro diario cuidado pero, ¿Cuánto más estará si lo invitamos a ser nuestro amigo y socio? Atrévete a ser un cristiano verdadero.

Que Cristo sea el centro de tu vida y entonces no serás más, una bombilla apagada.

Cuando tú compras una bombilla, esta por sí misma no da luz, necesita un elemento externo que es la electricidad. Una persona sin Cristo es sólo una persona, pero, con ese poder externo que viene de aceptar a Jesucristo, tú te conviertes en una persona cristiana y ahora sí tienes poder para ser un triunfador y no sólo eso, vivir por la eternidad cuando este mundo no sea más. La persona sin Cristo, solo tiene esta vida.

Todas las profecías se han estado cumpliendo a la perfección y las que muestran el fin del mundo, están ya en la última etapa. Tal vez te interese estudiar Daniel 2, 7 y 8 además de Apocalipsis 17 y 18 y si desea toda la explicación de la profecía paso a paso, te recomiendo el libro CRISIS MUNDIAL, ¿CASUALIDAD O PROFECIA? Este libro te explica paso a paso toda la profecía y te muestra en qué parte de la historia de este mundo nos encontramos. Te quedarás sorprendido.

Cuando Pablo perseguía al pueblo de Dios, se sentía intachable, porque su ceguera espiritual, no lo dejaba ver su verdadera situación. Hoy día hay muchos Pablos que se sienten autosuficientes, pero necesitan también tener una experiencia con el Señor, para llegar a ser realmente grandes.

Ante el mundo, cualquiera puede ser grande con un poquito de suerte, pero con el tiempo nadie lo recordará, y pasará al cementerio sin esperanza, pero en el Señor, aunque aquí sea pequeño, tendrá una vida futura maravillosa por la eternidad. Tú escoges.

¿Tú recuerdas quien ganó el premio Nobel de física de hace cuatro años?

¿Recuerdas el nombre de la persona que ganó mas medallas en las olimpiadas de hace siete años?

¿Sabes el nombre del sexto presidente de la nación más poderosa del mundo?

¿Verdad que no?

Todo eso pasa, y queda en el olvido. En el momento todos lo saben, pero después a nadie le importa.

Lo que realmente importa, eres tú y tu relación con Jesús.

Apliquemos ahora las cuatro características de la verdad a ver si Jesús pasa el examen.

1-¿Es Jesús único?

Jesús es el unigénito hijo de Dios. No hay otro.

San Juan 3:16

"Porque de tal manera amó Dios al mundo que ha dado a su hijo unigénito para que todo aquel que en EL crea, no se pierda mas tenga vida eterna."

2-¿Es Jesús Universal?

Cualquiera, no importa donde viva y crea en Jesús como su salvador, es salvo. No necesita hacerse ciudadano de otro país o casarse con familiares de la realeza. No importa si tú eres pobre o rico. Si tú eres un ser humano, eres un candidato al cielo.

San Juan 11:25

"Jesús le dijo entonces:

-Yo soy la resurrección y la vida. El que cree en mí, aunque muera, vivirá;"

Si vemos en el versículo anterior, Jesús no está preguntando de qué raza eres, si eres negro o blanco, pequeño o grande, rico o pobre. La única condición es creer y entonces podrás vivir, es decir, cuando Cristo venga, tú podrás resucitar para vida eterna o si estás vivo cuando EL regrese, estarás con Jesús.

¿Quién otro mas que Jesús podría decir esto?

1 Timoteo 2:5

"Porque no hay más que un Dios, y un solo hombre que sea el mediador entre Dios y los hombres: Cristo Jesús."

No hay otro aparte de Jesús que nos pueda dar la salvación. Cualquier otra enseñanza o doctrina que enseñe lo contrario es una mentira porque contradice la palabra de Dios que es una de las cinco verdades.

Recordemos que toda aparente verdad que contradiga la palabra de Dios, es una mentira porque la palabra de Dios no puede contradecirse.

Cualquier otra verdad, al compararse con la Biblia, debe estar en perfecta armonía.

Hechos 4:12

"Y en ningún otro hay salvación; porque no hay otro nombre bajo el cielo, dado a los hombres, en que podamos ser salvos."

3-¿Es Jesús Invariable?

Hebreos 13:8

"Jesucristo es el mismo ayer, y hoy, y por los siglos."

Jesús nunca se contradijo. Todas las profecías que enseñaban de él, fueron cumplidas en su tiempo, al igual que las que el profetizó, se han estado cumpliendo a la perfección. Ningún otro ser humano ha podido dividir el tiempo de este planeta como lo hizo Jesús con su nacimiento. Hasta los ateos cuando se refieren a tiempos antes de Jesucristo tienen que referirse al a.C. (Antes de Cristo) y d.C. (Después de Cristo) aunque hasta a eso le quieren dar ahora otro significado.

Muchas personas reconocen a Jesús pero no le obedecen. Satanás reconoce a Jesús, y lo conoce más que nosotros, pero no le obedece. Por eso sólo llamarlo Señor, Señor en nuestras emergencias, no es suficiente. Debe haber una aceptación y obediencia sincera, sin reservas.

No es suficiente con que tú conozcas el 911. (Número telefónico para emergencias). Eso de nada te ayuda si no tomas el teléfono y marcas. Tú puedes tener en tu mente de manera clara, que Jesús murió en la cruz por ti, pero si no lo buscas, si no procuras su amistad y procuras alimentarte de El cada día, de nada te sirve. Si estás separado de EL, te secarás y morirás sin esperanza.

San Juan 15:5

"Yo soy la vid, vosotros los pámpanos; el que permanece en mí, y yo en él, éste lleva mucho fruto; porque separados de mí nada podéis hacer."

San Lucas 6:46

"¿Por qué me llamáis, Señor, Señor, y no hacéis lo que yo digo?"

2 Juan 1:9

"Cualquiera que se extravía, y no persevera en la doctrina de Cristo, no tiene a Dios; el que persevera en la doctrina de Cristo, ése sí tiene al Padre y al Hijo."

Este versículo es clave para lo que estamos hablando. Si tú solo aceptas al Padre, y rechazas al Hijo, nada estás haciendo. Si no perseveramos, si no insistimos, y procuramos conocer la doctrina de Cristo, es decir su palabra, no sólo no lo tenemos a El, sino que tampoco tenemos al Padre.

Muchas personas creen que con ir a la iglesia una vez por semana es suficiente; pero si no persevera en la doctrina de Cristo, no tiene a Dios. Perseverar es permanecer y poner en práctica lo que se aprendió en la iglesia o en su palabra. No es que te vas a desconectar el resto de la semana, porque si lo haces así, vas a llegar otra vez a la iglesia cada vez, como una rama que tiene seis días de haber sido cortada, y se está marchitando.

Las plantas van creciendo aunque casi no se note, pero <u>su esfuerzo es constante</u> y <u>no crece por sí misma</u>. Necesita de sol, agua y los nutrientes necesarios, todos los días, entonces llega a dar hermosas flores y frutos. La vida del cristiano es muy similar. Aunque muchos no noten su crecimiento espiritual, el cristiano verdadero se alimenta diariamente de su Maestro y poco a poco va madurando, hasta que su fruto es abundante. El ser cristiano sin Cristo es como encerrar una planta en un cuarto oscuro y no darle sol ni agua. Pronto morirá.

4-¿Es Jesús eterno?

Hay varios versículos que lo demuestran. Aquí presentamos uno.

Hebreos 7:22-24

"Por tanto, Jesús es hecho fiador de un mejor pacto. 23Y los otros sacerdotes llegaron a ser muchos, debido a que por la muerte no podían continuar; 24mas éste, por cuanto permanece para siempre, tiene un sacerdocio inmutable; 25por lo cual puede también salvar perpetuamente a los que por él se acercan a Dios, viviendo siempre para interceder por ellos."

Recordemos que desde el principio de la creación, Dios está hablando en plural, porque estaban presentes en la creación, las tres divinas personas. Veamos otro ejemplo de lo que les estoy diciendo.

Génesis 1:26

"Entonces dijo Dios: Hagamos al hombre a nuestra imagen, conforme a nuestra semejanza; y señoree en los peces del mar, en las aves de los cielos, en las bestias, en toda la tierra, y en todo animal que se arrastra sobre la tierra.

Jesús ha existido siempre, y luchó la batalla contra Lucifer en el cielo, por eso el odio de satanás contra Jesús cuando vino a la tierra.

Satanás sintió que fuera de la esfera celestial, podría vencer fácilmente a Jesús, y lo tentó en el desierto e incitó a los judíos y a los romanos contra EL, y lo que parecía un triunfo para satanás, solo se estaba convirtiendo en la derrota definitiva. Jesús había venido con un propósito definido, que EL mismo había ideado en los cielos, por si algún día fuera necesario ejecutar y nadie lo desviaría de su misión.

Las profecías anunciaban este acontecimiento desde cientos de años antes y cómo y cuándo iba a morir por los pecadores. ¡Sí! Jesús te amó desde el principio y lo dio todo por ti. ¿Tendrás el valor de seguir dándole la espalda?

No sé si tuviste la oportunidad de ver "La pasión" la película de Mel Gibson que presenta en la más cruda realidad, todo lo que sufrió Jesús para que tú tuvieras esperanza. El productor investigó en varias fuentes para recopilar la información más cierta que pudiera ser reflejada en esta película. Si no la has visto, te la recomiendo. Te ayudará a ablandar el corazón, que a veces tenemos de piedra.

El personaje principal de la Biblia es Jesús. Si eliminas a Jesús de tu vida, la Biblia tampoco tendrá sentido. Los milagros que nuestro Salvador realizó una y otra vez, son muestras suficientes de que EL es Dios.

Resucitar muertos y sanar cualquier enfermedad, solo una persona que Dios autorice, lo puede hacer. Jesús lo hizo resucitando a Lázaro y a muchos más. Satanás puede utilizar a falsos ministros para que sanen enfermedades que él mismo provoca, pero que una persona sin Dios resucite a un muerto es imposible, porque Dios es el dador de la vida y el único que la puede tomar y volver a dar.

Algunos discípulos fueron instrumentos de Dios para hacer estos milagros de resurrección.

Veamos el caso de Pablo:

Hechos 20:9-12

"Y un mancebo llamado Eutico que estaba sentado en la ventana, tomado de un sueño profundo, como Pablo disertaba largamente, postrado de sueño cayó del tercer piso abajo, y fue alzado muerto. 10Entonces descendió Pablo, y derribóse sobre él, y abrazándole, dijo: No os alborotéis, que su alma está en él. 11Después subiendo, y partiendo pan, y gustando, habló largamente hasta el alba, y así partió. 12Y llevaron al mozo vivo, y fueron consolados no poco."

Veamos el caso de Pedro:

Hechos 9:36-42

"Entonces en Jope había una discípula llamada Tabita, que si lo declaras, quiere decir Dorcas. Ésta era llena de buenas obras y de limosnas que hacía. 37Y aconteció en aquellos días que enfermando, murió; a la cual, después de lavada, pusieron en una sala. 38Y como Lida estaba cerca de Jope, los discípulos, oyendo que Pedro estaba allí, le enviaron dos hombres, rogándole: No te detengas en venir hasta nosotros. 39 Pedro entonces levantándose, fue con ellos, y llegado que hubo, le llevaron a la sala, donde le rodearon todas las viudas, llorando y mostrando las túnicas y los vestidos que Dorcas hacía cuando estaba con ellas. 40 Entonces echados fuera todos, Pedro puesto de rodillas, oró; y vuelto al cuerpo, dijo: Tabita, levántate. Y ella abrió los ojos, y viendo a Pedro, incorporóse. 41 Y él le dio la mano, y levantóla. Entonces llamando a los santos y a las viudas, la presentó viva. 42 Esto fue notorio por toda Jope; y creyeron muchos en el Señor. 43 Y aconteció que se quedó muchos días en Jope en casa de un cierto Simón, curtidor."

Tanto el Antiguo Testamento, como el Nuevo, hablan de un Salvador, un hombre que lo dio todo por ti y por mí. Siendo Rey del Universo, dejó su trono para redimirte, y a veces nos comportamos como seres inferiores a los animales, porque un animal agradece si tú le das agua o comida, y nosotros que vivimos y respiramos por su misericordia, muchas veces lo queremos lejos de nosotros, aunque por dentro nos estemos muriendo de a poquitos con una maldición de pecado que no queremos abandonar.

La miseria que se observa por todas partes, es la misma necesidad de un Dios en la vida de cada ser humano. Un cristiano verdadero, vence a pesar de todas las limitaciones o dificultades, porque no confía en sí mismo, sino que deja que Jesús lo guíe y supla sus necesidades.

El equilibrio perfecto que había en un principio sobre la tierra y todas sus criaturas, se rompió desde la primer desobediencia del hombre, y hoy, siglos más tarde, el hombre no aprende y se hunde cada vez más en la miseria, dejándose arrastrar por los vicios y deseos desordenados. Cuando llegan a ser personas adultas si es que lo logran, pasan más tiempo quejándose de sus dolores por las consecuencias del pecado, que agradeciendo a Dios, porque la verdad, siempre anduvieron lejos del dador de la salud y la felicidad.

A pesar de tanto desorden y desobediencia, *"Cristo vino al mundo para salvar lo que se había perdido"* 1 Timoteo 1:15

Aun cuando Jesús estaba a punto de ser entregado a sus verdugos para ser crucificado, bajo juramento no negó ser divino.

San Mateo 26:63,64

"Mas Jesús callaba. Entonces el sumo sacerdote le dijo: Te conjuro por el Dios viviente, que nos digas si eres tú el Cristo, el Hijo de Dios. 64Jesús le dijo: Tú lo has dicho; y además os digo, que desde ahora veréis al Hijo del Hombre sentado a la diestra del poder de Dios, y viniendo en las nubes del cielo."

Ese es el misterio maravilloso. Mientras sus criaturas le dan la espalda y le escupen la cara, El está atento a cualquier pedido de auxilio u oración moribunda, para acudir a saciar esa alma sumida en la desesperación.

¿Cuál es tu caso?

Tal vez tu situación no sea tan precaria. Tal vez tengas buena ropa en tu ropero, y un auto, y buena casa y no sientas que necesites tanto de Jesús. ¡Cuidado! Esa actitud puede ser aún más peligrosa, que la de aquel hombre tirado debajo de un puente, que pide misericordia de Dios.

ENTRE MAS AUTOSUFICIENTES NOS SINTAMOS, MAS NECESITADOS DE DIOS ESTAMOS.

Dios no valora tus posesiones. Dios valora tu disponibilidad de entrega.

Dios no valora los títulos. Dios valora la disposición del corazón a servirle.

Mientras Jesús estuvo en la tierra, se encontró con leprosos, ladrones, prostitutas, avaros, hipócritas, y a nadie le negó su ayuda cuando estos se la pedían. Jesús no hace acepción de personas, pero espera que cada persona reconozca su necesidad y lo busque para que pueda realmente hacer un milagro en su vida.

Satanás desde que se rebeló, nunca quiso reconocer su necesidad de Dios, hasta que su rebeldía misma lo llevó a su expulsión del cielo, y aunque todavía vive, solo es una vida llena de miseria, odio y engaño, esperando su final. Satanás no sabe administrar sus emociones y se sigue autodestruyendo.

Cada ser humano tiene emociones negativas y positivas. Algunas emociones positivas y que nos ayudan, podrían ser por mencionar algunas, la emoción del amor, del entusiasmo, de la fe, de la esperanza. Todas estas emociones están a nuestro favor y alimentan nuestra paz y felicidad.

La emoción es el resultado de algo que nos sucede. Las emociones de estar en una estrecha relación con Dios, no son las mismas cuando estamos lejos de Dios. Las emociones nos ayudan a buscar refugio, o escapar, o a defendernos de algo que nos amenace. En otras palabras, la emoción nos puede ayudar a aceptar aquello que no podemos cambiar y en otros casos nos ayuda a renunciar a lo que no nos conviene, pero en otros casos, las emociones nos pueden ayudar a aceptar lo que sí nos conviene, como por ejemplo aceptar a Jesús como nuestro Salvador.

Muchas personas confunden el significado de las emociones. Cuando por ejemplo, la emoción nos hace sentirnos agradables, pensamos que son emociones positivas. Por el contrario, cuando nos duele algo, pensamos que son emociones negativas. Diríamos entonces que una persona que se siente viajando y relajado mientras está usando drogas, está con las emociones positivas pero en realidad no es así.

Las emociones verdaderas y positivas, no deben hacer daño a tu cuerpo o a tu mente. Es muy normal del ser humano, tratar de evitar lo que le moleste o le cause dolor, sin embargo a veces no es recomendable evitar todo lo que nos duela porque podría ser un miedo irracional, es decir, sentimos miedo por algo que ni siquiera se ha dado pero, que ya nos estamos sintiendo afectados. Puedo por un simple dolor ocasional en la cabeza, creer que es un tumor y acelera las emociones para hacerme más daño, exagerando una situación que en la mayoría de las veces es pasajero. Esas emociones donde exageramos lo que nos pueda estar pasando, no son saludables.

Todas nuestras emociones se pueden convertir en una amenaza si no las dejamos en el momento apropiado. Un ejemplo sería que una persona me hace un daño y me pide perdón, pero yo en realidad lo perdono pero no olvido que esa persona me hizo un daño. El perdón no ha sido completo. Jesús no actúa de esta forma y sus seguidores tampoco deben de actuar con sus emociones en esta forma equivocada.

Jesús en su sabiduría nos aconseja que primero resolvamos la contienda que tengamos con el hermano antes de dar tu ofrenda. De no hacerlo, la ofrenda que vas a dar no te sirve de nada pues si no va acompañada de verdadero amor, no es aceptada.

Hay emociones que pueden contaminar a toda una nación como la emoción del miedo, de la venganza, de la cólera, de la avaricia, de la envidia, del rencor.

En números 13:31 se presenta un caso donde el miedo de unos pocos contaminó a toda una nación haciéndola devolverse para vivir en el desierto por 40 años más, mientras tenían de frente tierras que fluían leche y miel. Veamos:

Números 13:31,32

"Mas los varones que subieron con él, dijeron: No podremos subir contra aquel pueblo, porque es más fuerte que nosotros. 32Y hablaron mal entre los hijos de Israel, de la tierra que habían reconocido, diciendo: La tierra por donde pasamos para reconocerla, es tierra que traga a su moradores; y todo el pueblo que vimos en medio de ella son hombres de grande estatura."

De los hombres que habían ido a reconocer las tierras que Dios les había prometido a Israel, solo Josué y Caleb confiaban que podían tomar esos territorios y animaron al pueblo, pero más pudo el miedo de los otros espías.

Muchas personas quieren seguir al Maestro, pero su fe es tan pobre que no pasan del deseo. Debemos avanzar por fe, creyendo en las maravillosas promesas de Dios.

Por cuarenta años más estuvieron peregrinando, y si estudiamos todo el capítulo, nos daremos cuenta que Dios lo castigó y ninguno de esa generación entró en la tierra prometida, sólo sus hijos, y estos valientes que no habían dudado de Dios. Josué más tarde fue escogido como jefe tomando el lugar de Moisés para entrar en posesión de estas tierras, y para demostrar siendo ya entrado en edad, que seguía confiando en Dios, decidió tomar las tierras de los gigantes venciéndolos a todos. Eso es tener confianza en Dios.

¿Tienes miedo de aceptar a Cristo como tu Salvador?

El miedo no siempre es peligroso en el sentido que nos puede ayudar a sobrevivir, o evitar ir a un lugar potencialmente peligroso para nuestra seguridad. ¿Pero sientes que Jesús, quien lo dio todo por ti, es una amenaza? Ahí es donde debemos saber diferenciar, en las emociones.

La emoción del miedo es la más peligrosa y te puede llevar a ser una persona mediocre toda la vida y a vivir de las apariencias solamente, las cuales no te llevan a ningún buen lugar.

¿Tienes temor del que dirá tu pareja? ¿Tus hijos o tus vecinos?

¿Acaso ellos te salvan?

Jesús conociendo bien la emoción del miedo dijo:

San Mateo 10:37,38

"El que ama a padre o madre más que a mí, no es digno de mí; el que ama a hijo o hija más que a mí, no es digno de mí; 38y el que no toma su cruz y sigue en pos de mí, no es digno de mí."

Cuando tus seres queridos vean que tú fuiste valiente, ellos seguirán tus pasos. Cuando ellos vean que tú eres un Josué y un Caleb, ellos tendrán valor también.

Cuando mi madre se dio cuenta del Sábado, y de otras verdades bíblicas que la iglesia le había ocultado por años, decidió dejar el miedo, y bautizarse, y seguir guardando el verdadero día de reposo. Mi madre sentía miedo de la reacción que pudiera tener mi padre, pero no se dejó vencer por el temor, y años más tarde, mi padre también se bautizó y ahora casi toda la familia ha seguido su ejemplo.

El temor te puede hacer perder muchas bendiciones. Muchos han dejado que el temor los gobierne, y aún hoy se sienten vacíos, porque saben que hay algo que deben cambiar, y no han tenido el valor.

Juan 14:1-3

"No se turbe vuestro corazón; creéis en Dios, creed también en mí. 2En la casa de mi Padre muchas moradas hay; si así no fuera, yo os lo hubiera dicho; voy, pues, a preparar lugar para vosotros. 3Y si me fuere y os preparare lugar, vendré otra vez, y os tomaré a mí mismo, para que donde yo estoy, vosotros también estéis."

Estas hermosas palabras, las dijo Jesús mismo. Es una maravillosa promesa, y él no falla, pero tú tienes que creer en ella y hacerla tuya.

Yo te animo a que seas otro Caleb y otro Josué. A que seas uno de los valientes. Que las dos primeras verdades, Dios padre y Dios Hijo sean dos verdades firmes en tu vida. Ahora te invito a que vayamos juntos al próximo capítulo, para descubrir la tercera verdad.

CAPITULO 5

La Tercera Verdad

YA SE QUE Dios es verdad, que Jesús es otra verdad, pero:

¿Quién me puede guiar a esas verdades?

La misma Palabra de Dios nos sigue dando la respuesta.

No necesitas ir a ningún mortal a preguntarle.

San Juan 16:13

"pero cuando venga el Espíritu de verdad, él os guiará a toda la verdad; porque no hablará por su propia cuenta, sino que hablará todo lo que oyere, y os hará saber."

La tercera verdad que estamos descubriendo es El Espíritu Santo.

¿Sabía usted que hay también espíritus de mentiras?

¿Espíritus de Demonios?

1 Timoteo 4:1

"Pero el Espíritu dice claramente que en los postreros tiempos algunos apostatarán de la fe, escuchando a espíritus engañadores y a doctrinas de demonios;"

Una de las funciones del Espíritu Santo es llevarnos a conocer a Cristo, y convencernos, para que lo aceptemos por medio del bautismo por inmersión, como Jesús mismo lo hizo para darnos ejemplo.

El bautismo a un recién nacido con unas gotas de agua en su cabeza no es bíblico.

La persona tiene que ser consciente de que es pecador, y que necesita de un Salvador.

Un bebé de meses ni sabe lo que le están haciendo ni lo recordará. Además, la persona debe de entregarse voluntariamente a Dios, no ser llevado en brazos a la fuerza.

Una vez que hemos aceptado a Jesús, el Espíritu Santo sigue su trabajo en nosotros, de capacitarnos, para que seamos eficientes en nuestro servicio cristiano, pero también la entrega del cristiano ha de ser completa, para que el Espíritu Santo pueda hacer la obra cada día más perfecta en nuestra vida.

Una de las promesas maravillosas de Jesús, fue enviarnos el Espíritu Santo.

San Juan 14:16

"Y yo rogaré al Padre, y os dará otro Consolador, para que esté con vosotros para siempre."

Muchos tienen años de estar en la iglesia y dicen no haber experimentado de las bendiciones del Espíritu Santo. Es muy probable que estén entregando una vida a medias a Jesús y en el porcentaje que se entreguen al Maestro, en ese porcentaje reciben del Espíritu Santo.

Muchos cristianos no quieren reconocer que están llenos de envidia, chisme, egoísmo, orgullo, vanidad, avaricia; y que son infieles en sus diezmos y ofrendas, y aunque se sienten tranquilos porque esto nadie lo ve, <u>hay un Dios al que no se le escapa ningún detalle, y no va a llenar de su Espíritu ni va a usar con poder, a una persona que solo desea aparentar que es cristiana. Este tiene que arrepentirse de corazón y confesar sus faltas y apartarse para que Dios pueda actuar en él.</u>

La promesa del Espíritu Santo, puede llegar a ser una experiencia hermosa en tu vida, cuando te entregas sin reserva.

> EN LA MISMA PROPORCION QUE ENTREGAS TU VIDA A JESUS, EN ESA MISMA PROPORCION RECIBES PODER DEL ESPIRITU SANTO.

Lucas 11:13

"Pues si vosotros, siendo malos, sabéis dar buenas dádivas a vuestros hijos, ¿Cuánto más vuestro Padre celestial dará el Espíritu Santo a los que se lo pidan?"

> DIOS ESTA DESEOSO DE DARNOS DE SU SANTO ESPIRITU, PERO NO SON CARAMELOS PARA REPARTIRLOS A TODOS LOS QUE PASAN POR EL CAMINO. USTED DEBE ANHELARLO.

La persona que anhela tener el Espíritu Santo, lo procura todos los días, por medio de la oración, y busca cada día más, la santidad que lo pondrá en el lugar apropiado para recibirlo.

Una persona que quiera tener el poder del Espíritu Santo solo para tener mas poder para hacer el mal, jamás lo recibirá.

Cualquier tentación por seductora que sea, ha de ser desechada de nuestra mente, y esa victoria sobre la tentación, nos dará nuevas fuerzas, porque el Espíritu Santo se estará posicionando con mayor fuerza en nuestra vida. Estaremos llenando nuestra vida del poder del Espíritu Santo.

Cada vacío que queda en nuestra mente, cuando desechamos un pecado, el Espíritu Santo lo viene a ocupar.

Efesios 5:18

"No os embriaguéis con vino, en lo cual hay disolución; antes bien sed llenos del Espíritu."

¿De qué estás llenando tu vida?

¿Te imaginas a una persona que aparenta ser buena pero que solo sueña con el dinero, y que reciba el Espíritu Santo para sanar y hacer milagros?

Es capaz que se pondría a cobrar por sus servicios.

En Hechos 8:18 se presenta un caso donde un hombre quería comprar el poder del Espíritu Santo.

Hechos 8:18-21

"Cuando vio Simón que por la imposición de las manos de los apóstoles se daba el Espíritu Santo, les ofreció dinero, 19diciendo: Dame

también a mí este poder, para que cualquiera a quien yo impusiere las manos reciba el Espíritu Santo. 20Entonces Pedro le dijo: Tu dinero perezca contigo, porque has pensado que el don de Dios se obtiene con dinero. 21No tienes tú parte ni suerte en este asunto, porque tu corazón no es recto delante de Dios."

¿Será que nuestro corazón no es recto delante de Dios?

¿Será ese el motivo por el que el Espíritu Santo no se posesiona en algunas personas que dicen ser cristianas?

El Espíritu Santo no va a venir sobre una persona egoísta, ambiciosa, avara, celosa, vengativa, sin fe, que aparenta ser cristiano pero que no permite que Dios entre en su vida.

El Espíritu Santo conoce bien nuestro corazón, y nuestras intenciones, y mientras estas no sean santas y nobles, solo lo veremos trabajando en otras personas a nuestro alrededor.

El nunca se equivoca, pero si está deseoso de que tú prepares el corazón para morar en ti.

El Espíritu Santo no puede ser engañado, y responderá solo al corazón sincero que le busca, para servirle sin esperar nada a cambio.

Cuando una persona tiene el Espíritu Santo, se nota porque su vida comienza a ser diferente. Los discípulos tenían tiempo de andar con Jesús, y habían aprendido a ser mejores personas, pero su verdadera transformación se da después que reciben el Espíritu Santo en el Pentecostés.

El Espíritu Santo es la gasolina que mueve al auto, es el motor que impulsa al avión, es la energía que capacita al cristiano.

El Espíritu Santo debemos procurarlo todos los días, como Jesús lo buscaba a las primeras horas del día. Así se fortalecía para salir a conquistar los corazones de las personas.

> DEBERIAMOS DE SERVIR, COMO JESUS SERVIA, DEBERIAMOS DE VIVIR COMO JESUS VIVIA, PERO PARA ESO ES VITAL, ENTREGARNOS COMO EL LO HACIA.

Como Jesús procuraba el bienestar de los demás, deberíamos de procurarlo nosotros. Es una experiencia diaria.

Todos los días el enemigo nos ataca y nos pone trampas.

Cuando menos pensamos, estamos haciendo o diciendo algo indebido, es por eso, que al comenzar el día, lo primero es buscar a Dios en oración y agradecimiento, y en toda oración, debemos pedirle nos de de su Santo Espíritu.

Ahora que estamos hablando de la tercera verdad que es el Espíritu Santo, vale la pena que aclaremos un punto que ha confundido a muchos.

Algunas iglesias enseñan que hablar en lenguas, es hablar una palabrería que nadie entiende, pero:

¿Cómo va esta palabrería a edificar a los demás?

¿De qué sirve este enredo de palabras si nadie las entiende?

La palabra de Dios nos enseña que el hablar en lenguas es hablar en otros idiomas que ya existen, pues la función del cristiano cuando habla en lenguas es enseñar a otros en su propio idioma, la palabra de Dios, y así todos son edificados.

Cuando Dios quiera que un cristiano le hable de la verdad a un extranjero, que habla un idioma desconocido para él, Dios lo capacitará.

Hechos capítulo 2 nos lo presenta en una forma muy clara.

Hechos 2:1 *"Cuando llegó el día de Pentecostés, estaban todos unánimes juntos. 2 Y de repente vino del cielo un estruendo como de un viento recio que soplaba, el cual llenó toda la casa donde estaban sentados. 3 Y se les aparecieron lenguas repartidas, como de fuego, asentándose sobre cada uno de ellos. 4 <u>Y fueron todos llenos del Espíritu Santo, y comenzaron a hablar en otras lenguas, según el Espíritu les daba que hablasen.</u> 5 Moraban entonces en Jerusalén judíos, varones piadosos, de todas las naciones bajo el cielo. 6 <u>Y hecho este estruendo, se juntó la multitud; y estaban confusos, porque cada uno les oía hablar en su propia lengua.</u> 7 Y estaban atónitos y maravillados, diciendo: Mirad, ¿No son galileos todos estos que hablan? 8 <u>¿Cómo, pues, les oímos nosotros hablar cada uno en nuestra propia lengua en la que hemos nacido? 9 Partos, medos, elamitas, y los que habitamos en Mesopotamia, en Judea, en Capadocia, en el Ponto y en Asia, 10 en Frigia y Panfilia, en Egipto y en las regiones de África más allá de Cirene, y romanos aquí residentes, tanto Judíos como prosélitos, 11 cretenses y árabes, les oímos hablar en nuestras lenguas las maravillas de Dios.</u> 12 Y estaban todos atónitos y perplejos, diciéndose unos a otros: ¿Qué quiere decir esto? 13 Mas otros burlándose, decían: Están llenos de mosto. 13 Entonces Pedro, poniéndose en pie con los once, alzó la voz y les habló diciendo: Varones judíos, y todos los que habitáis en Jerusalén, esto os sea notorio, y oíd mis palabras. 15 Porque éstos no están ebrios, como vosotros suponéis, puesto que es la hora tercera del día. (9a.m) 16 Mas esto es lo dicho por el profeta Joel: 17 Y en los postreros días, dice Dios, Derramaré de mi Espíritu sobre toda carne, y vuestros hijos y vuestras hijas profetizarán; Vuestros jóvenes verán visiones, Y vuestros ancianos soñarán sueños; 18 Y de cierto sobre mis siervos y sobre mis siervas en aquellos días derramaré de mi Espíritu, y profetizarán. 19 Y daré prodigios arriba en el cielo, Y señales abajo en la tierra, Sangre y fuego y vapor de humo; 20 El sol se convertirá en tinieblas, Y la luna*

*en sangre, Antes que venga el día del señor, Grande y manifiesto. 21
Y todo aquel que invocare el nombre del Señor, será salvo. 22 Varones
israelitas, oíd estas palabras: Jesús nazareno, varón aprobado por Dios
entre vosotros con las maravillas, prodigios y señales que Dios hizo
entre vosotros por medio de él, como vosotros mismos sabéis; 23 a éste,
entregado por el determinado consejo y anticipado conocimiento de Dios,
prendisteis y matasteis por manos de inicuos, crucificándole; 24 al cual
Dios levantó, sueltos los dolores de la muerte, por cuanto era imposible
que fuese retenido por ella. 25 Porque David dice de él:*

Veía al Señor siempre delante de mí;
Porque está a mi diestra, no seré
Conmovido.

*26 Por lo cual mi corazón se alegró, y se gozó mi lengua, Y aun
mi carne descansará en esperanza; 27 Porque no dejarás mi alma en el
Hades. Ni permitirás que tu Santo vea corrupción. 28 Me hiciste conocer
los caminos de la vida; Me llenarás de gozo con tu presencia. 29 Varones
hermanos, se os puede decir libremente del patriarca David, que murió y
fue sepultado, y su sepulcro está con nosotros hasta el día de hoy. 30 pero
siendo profeta, y sabiendo que con juramento Dios le había jurado que
de su descendencia, en cuanto a la carne, levantaría al Cristo para que se
sentase en su trono, 31 viéndolo antes, habló de la resurrección de Cristo,
que su alma no fue dejada en el Hades, ni su carne vio corrupción. 32
A este Jesús resucitó Dios, de lo cual todos nosotros somos testigos. 33
Así que, exaltado por la diestra de Dios, y habiendo recibido del Padre
la promesa del Espíritu Santo, ha derramado esto que vosotros veis y oís.
34 porque David no subió a los cielos; pero él mismo dice:*

Dijo el Señor a mi Señor:
Siéntate a mi diestra,

*35 Hasta que ponga a tus enemigos por estrado de tus pies. 36
Sepa, pues, ciertísimamente toda la casa de Israel, que a este Jesús
a quien vosotros crucificasteis, Dios le ha hecho Señor y Cristo. 37
Al oír esto, se compungieron de corazón, y dijeron a Pedro y a los
otros apóstoles: Varones hermanos, ¿qué haremos? 38 Pedro les dijo:
Arrepentíos, y bautícese cada uno de vosotros en el nombre de Jesucristo
para perdón de los pecados; y recibiréis del don del Espíritu Santo. 39
Porque para vosotros es la promesa, y para vuestros hijos, y para todos*

los que están lejos; para cuantos el Señor nuestro Dios llamare. 40 Y con otras muchas palabras testificaba y les exhortaba, diciendo: Sed salvos de esta perversa generación. 41 Así que, los que recibieron su palabra fueron bautizados; y se añadieron aquel día como tres mil personas. 42 y perseveraban en la doctrina de los apóstoles, en la comunión unos con otros, en el partimiento del pan y en las oraciones.

El subrayado es nuestro para hacer notar lo claro de este asunto.

Todos los extranjeros que estaban en Jerusalén, de diferentes partes del mundo, entendieron en sus propios idiomas, lo que las personas que recibieron el Espíritu Santo, les hablaban. (Ver el versículo 6).

Este es el don de lenguas. Por eso aunque al principio algunos se burlaron, Pedro les escucha y les explica lo que estaba pasando y una vez que entienden, se bautizan más de tres mil personas. Una vez más se ve aquí la necesidad del bautismo y se da en adultos, no en recién nacidos.

Toda persona que acepte a Jesucristo como su Salvador, deberá de pasar por este bautismo, excepto que esté imposibilitado de hacerlo como en cama o paralítico o como el ladrón en la cruz, que no se podía ya bajar de ahí pero fue aceptado por Jesús. El bautismo por inmersión significa el entierro del viejo hombre y la resurrección de un hombre nuevo en Cristo.

Así que si tú crees en Jesucristo como tu único Salvador y aun no has tenido esta hermosa experiencia del bautismo, te invito a que te prepares para hacerlo.

San Mateo 28:19

"Por tanto, id, y haced discípulos a todas las naciones, bautizándolos en el nombre del Padre, y del Hijo, y del Espíritu Santo."

¿Qué pasa entonces con una persona que visita una iglesia donde Jesús no es el centro del Evangelio?

¿Qué clase de espíritus pueden estar guiando a estas personas?

Hay cristianos solo de iglesia pero afuera se confunden con cualquiera. Podemos ser muy hábiles para engañar hasta a nuestra familia, pero Dios que todo lo ve, nos dará su recompensa.

San Mateo 10:1

"Entonces llamando a sus doce discípulos, les dio autoridad sobre los espíritus inmundos, para que los echasen fuera, y para sanar toda enfermedad y toda dolencia."

El Espíritu Santo es el que nos convence de pecado y nos está guiando constantemente hacia la verdad.

¿Si desechamos al Espíritu Santo, que clase de espíritus estarán enseñándonos las supuestas verdades?

Los espíritus de Satanás, <u>son los que te muestran la verdad adulterada para engañarte</u>, pues la misión del Espíritu Santo es guiarte a la verdad, mientras que la misión de los malos espíritus, es guiarte a la confusión para perdición de tu alma.

La palabra Babilonia que significa confusión, es aplicada en Apocalipsis a una iglesia que ha permanecido por siglos y ha perseguido al pueblo de Dios y a cambiado dos de sus mandamientos. El segundo y el cuarto. Babilonia, la madre de las rameras. Las rameras son algunas denominaciones que se apartaron de Babilonia, pero siguen guardando ciertas tradiciones de Babilonia, como el falso día de reposo y muchas otras doctrinas no bíblicas.

Hay una batalla por cada alma. Tú y yo estamos en medio de una guerra invisible cuyo botín en disputa, somos nosotros mismos, pero Dios no te quiere arrebatar a la fuerza. El te invita con paciencia y constancia. El pagó un precio infinito con su Hijo en la cruz por cada uno de nosotros. Dios no solo nos crea, sino que nos redime, pero en cambio, Satanás te quiere atraer con todo tipo de mentiras y atracciones para que no conozcas la verdad y te pierdas.

Lo que Dios más ama es lo que Satanás más odia.

¿Dónde estás buscando la verdad?

¿La estás buscando en las drogas?

¿En los negocios ilícitos?

¿En las verdades a medias?

¿En las cosas materiales?

¿Que clase de espíritu te está guiando?

Hay casos de personas donde les han quitado la vida a otros, porque dijeron en su interrogatorio, que escucharon una voz que les decía que lo hiciera.

¿Qué espíritu crees que le estaba hablando a esa persona?

El Espíritu Santo te va a guiar hacia lo correcto, hacia lo santo, hacia lo puro, hacia el conocimiento más pleno de Dios.

¿Qué espíritu crees que te ha estado guiando?

¿Qué hiciste la semana pasada?

¿Qué hiciste ayer?

¿Qué estás haciendo hoy?

Una forma muy fácil de darse cuenta es si estás viviendo las verdades que hemos estado estudiando.

¿Cuáles son tus prioridades en la vida?

Analicémonos por un momento:

Si el Espíritu de Dios te ha estado guiando, tú entonces debes de estar en armonía con:

1- Dios.

Porque Dios es la primer verdad según lo que hemos estado estudiando. Es nuestro Creador y Padre celestial.

2- Jesús.

Jesús debe de estar ocupando un lugar muy importante en tu vida, porque has comprendido que EL, es el único camino, y lo has aceptado como tu Salvador.

3- El Espíritu Santo.

Lo lógico es que si estás en armonía con el Espíritu Santo, este te ha estado guiando hacia las otras 2 verdades, y así eres un cristiano en verdadero crecimiento, y ya puedes decir; ya no vivo yo mas vive Cristo en mí, porque le has entregado toda tu vida a Dios, y quieres solo hacer su voluntad. Ya no te afanas por las cosas de esta vida, sino que tu deseo es agradar a Dios en todo, confiando que él te suplirá todo lo que necesites.

Aun faltan dos verdades más por conocer. Al final una vez que hayamos conocido las cinco verdades del verdadero cristiano, contestaremos un test para ver si realmente las cinco verdades son parte de nuestra vida cristiana.

A mí me gusta cultivar el jardín, y ya por experiencia, se que si una planta no tiene la tierra adecuada, así como la luz solar necesaria, y el agua suficiente; esa planta crecerá sin fuerzas, y dará poco fruto; pero que agradecida es si le facilito la mejor tierra, y lugar, para que reciba el sol, y el agua que necesita. De seguro me dará mucho fruto. Así somos nosotros si no nos alimentamos lo suficiente de estas cinco verdades. Podremos decir que somos cristianos pero seremos cristianos débiles y enfermizos.

El Espíritu Santo en tu vida, es tan importante como aceptar a Jesucristo como tu salvador. Tú no puedes decir que no crees en el Espíritu Santo, pero que si crees en Dios. Eso no es posible. Si no fuera por el Espíritu Santo, tampoco conocerías de Dios.

Los beneficios del Espíritu Santo son muchos y entre ellos, está que sentirás un deseo mayor por estudiar su palabra para entenderla y vivirla. Serás una persona que buscará orar con frecuencia, y tu arrepentimiento o separación del pecado, será cada vez mayor, y por supuesto, al practicar estas cosas, tu vida estará transformándose en los hábitos de la alimentación, y forma de hablar, y de tratar a los demás. Eso se llama estar en el proceso de la santificación.

El estar desinteresados por el Espíritu Santo, aunque digamos ser cristianos, nos hace no aceptos para el reino de Dios, y el riesgo de quedar fuera, lo ilustra el evangelio de Mateo 25:1-13, con la parábola de las 10 vírgenes.

"Entonces el reino de los cielos será semejante a diez vírgenes que tomando sus lámparas, salieron a recibir al esposo.

2 Cinco de ellas eran prudentes y cinco insensatas.

3 Las insensatas, tomando sus lámparas, no tomaron consigo aceite;

4 mas las prudentes tomaron aceite en sus vasijas, juntamente con sus lámparas.

5 Y tardándose el esposo, cabecearon todas y se durmieron.

6 Y a la medianoche se oyó un clamor: ¡Aquí viene el esposo; salid a recibirle!

7 Entonces todas aquellas vírgenes se levantaron, y arreglaron sus lámparas.

8 Y las insensatas dijeron a las prudentes: Dadnos de vuestro aceite; porque nuestras lámparas se apagan.

9 Mas las prudentes respondieron diciendo: Para que no nos falte a nosotras y a vosotras, id más bien a los que venden, y comprad para vosotras mismas.

10 Pero mientras ellas iban a comprar, vino el esposo; y las que estaban preparadas entraron con él a las bodas; y se cerró la puerta.

11 Después vinieron también las otras vírgenes, diciendo: ¡Señor, señor, ábrenos!

12 Mas él, respondiendo, dijo: De cierto os digo, que no os conozco.

13 Velad, pues, porque no sabéis el día ni la hora en que el Hijo del Hombre ha de venir.

El verdadero cristiano no debe bajar la guardia, sino que debe estar procurando conocer las profecías de Daniel y Apocalipsis y predicando el evangelio eterno a toda criatura.

Jesús también dejó claro en su palabra:

Mateo 7:20-23

"No todo el que me dice Señor, Señor, entrará en el reino de Dios, sino el que hace la voluntad de mi Padre que está en los cielos. 22 Muchos me dirán en aquel día: Señor, Señor, ¿no profetizamos en tu nombre, y en tu nombre echamos fuera demonios, y en tu nombre hicimos muchos milagros? 23 Y entonces les declararé: Nunca os conocí, apartaos de mí, hacedores de maldad."

Estas personas sólo habían estado aparentando ser cristianas a tal punto que habían estado creyendo que eran cristianas, pero habían estado siempre guiados por espíritus de demonios. Dios que conoce las verdaderas intenciones, solo responde a sus verdaderos seguidores. Muchos milagros que se dan en algunas iglesias donde no está la verdad completa, no son sanidades del Espíritu Santo, sino que Satanás también puede hacer que una persona se enferme para luego sanarla y confundir a la gente, haciéndola pensar que en esa iglesia aunque no se obedecen los mandamientos de Dios ni se respetan sus verdades, Dios es el que sigue haciendo milagros.

Hay un dicho popular que dice "No todo lo que brilla es oro", y es muy cierto.

Muchos creen que porque en una iglesia se levanta un enfermo de una silla de ruedas, es porque Dios está en esa iglesia, pero Satanás hará grandes señales para confundir aun a los hijos de Dios; e ahí la importancia de procurar la presencia del Espíritu Santo cada día.

Algunas personas se pueden preguntar. ¿Cómo es posible? Yo pensaba que siempre que alguien se sanaba en una iglesia, es porque Dios lo sanó. ¡Mucho cuidado! Satanás puede causar una enfermedad y luego sanar a esa persona para hacerla creer que es Dios y así las personas de esa iglesia, siguen guardando doctrinas y creencias falsas pensando que es la iglesia correcta. En los últimos tiempos Satanás se aprovechará de este tipo de milagros para confundir a muchos. La verdadera iglesia se sustenta mas en vivir y enseñar las verdades, que en levantar muertos.

Los tiempos están cambiando aceleradamente, y nos estamos acercando a los últimos días de este mundo. Satanás sabe que le queda poco tiempo, por tanto, con más razón, deberían los que dicen ser seguidores de Cristo, procurar estar preparados cada momento.

El solo hecho de leer la palabra de Dios no es suficiente.

Muchos leen la Biblia para filosofar, o buscar errores en ella, o cumplir con las tareas de investigación. Con estas intenciones, difícilmente, sus vidas van a ser tocadas. Antes de leer las escrituras, debemos de orar y pedir al Espíritu Santo, que nos ayude a comprenderlas. Otros pasan la mayor parte del tiempo sacando títulos y cuando se descuidan, se confunden pensando que con esos títulos son ahora más humildes y sabios pero muchos se hacen orgullosos y así se hacen mediocres espiritualmente hablando. Ya no aceptan cualquier llamado o puesto, sino que quieren ser reconocidos como los maestros y su orgullo los hace adquirir la ceguera y comienzan a perderse en su ego.

Me decía un amigo que él creía más en el Espíritu Santo, que en Jesús, y que le oraba a él. Eso es como tener un auto y para entrar al auto, entremos por la cajuela en lugar de usar las puertas. Perdonen la comparación, pero lo que quiero dar a entender es que el Espíritu Santo nos guía a Jesús y no al revés.

No te sorprendas si descubres que has estado muy lejos de la verdad. En realidad, Satanás no descansa de poner trampas al ser humano, pero Dios no dejará que tú perezcas sin conocer de la verdad lo suficiente, para que seas salvo.

Si ahora estas conociendo y entendiendo mas plenamente lo que es la verdad, entonces te invito a que te acerques a ella y te entregues sin reserva y serás una persona completa.

Hechos 10:44

"Mientras aún hablaba Pedro estas palabras, el Espíritu Santo cayó sobre todos los que oían el discurso. 45 Y los fieles de la circuncisión que habían venido con Pedro se quedaron atónitos de que también sobre los gentiles se derramase el don del Espíritu Santo. 46 Porque los oían

que hablaban en lenguas, y que magnificaban a Dios. 47 Entonces respondió Pedro: ¿Puede acaso alguno impedir el agua, para que no sean bautizados estos que han recibido el Espíritu Santo también como nosotros?"

Aquí hay algunos detalles interesantes de esta experiencia. El primer detalle, es que mientras Pedro le predicaba a un grupo de personas, algunos judíos y otros no, el Espíritu Santo descendió sobre todos.

Se creía que solo los judíos podían recibir el Espíritu Santo, pero Dios que ama a todas las personas por igual, aquí una vez mas lo estaba demostrando. Dios que conoce nuestros corazones, veía a esos gentiles deseosos de conocer más de Dios y estaban aceptando el mensaje de Pedro, por lo que Dios los vio como candidatos para darles de su Espíritu. El otro detalle importante es que Pedro dice al final:

Hechos 10:47 *"Entonces respondió Pedro: ¿Puede acaso alguno impedir el agua, para que no sean bautizados estos que han recibido el Espíritu Santo también como nosotros?"*

Aunque estos gentiles aun no estaban bautizados, pero por su corazón sincero estaban recibiendo el Espíritu Santo, también debían bautizarse.

Algunas personas al conocer la verdad y aceptarla, es posible que reciban también el Espíritu Santo, aunque después deben bautizarse para sellar su pacto con Dios. Estas personas no eran niños. Ya eran adultos. Jesús también siendo de treinta años, fue bautizado por Juan Bautista en el Jordán por inmersión.

La Biblia no enseña en ninguna parte el bautismo de los recién nacidos. Esa es una doctrina católica pero no Bíblica.

¿A quién obedeceremos?

Rechazar la Palabra de Dios, es una rebelión contra Dios pues El es el autor.

¿Seguiremos las doctrinas de los hombres y desobedeceremos a la Palabra de Dios?

¿Qué es inmersión? Inmersión es entrar en el agua o más bien bajo el agua, según la traducción griega. Ese es el bautismo verdadero. Es el bautismo que practicó Jesús.

Efesios 4:5

"un Señor, una fe, un bautismo,"

Algunos reformadores muy reconocidos escribieron lo siguiente:

"Es evidente que el término bautizar quiere decir inmergir, que ésta es la forma usada por la iglesia primitiva". Juan Calvino.

"Bautismo es palabra griega. Puede ser traducida al latín por mersio, cuando inmergimos algo en agua, para que esté completamente cubierto de agua". Martín Lutero

"Somos sepultados con él, aludiéndose a la manera antigua de bautizar por inmersión". Juan Wesley

La iglesia católica reconoce que el significado literal de la palabra "bautismo" es "inmersión" y que es el bautismo correcto pero a partir del siglo XIII (Siglo trece) se dieron la libertad por necesidad de cambiarlo.

Dios en ningún momento cambió la forma de bautizar, porque el bautismo por inmersión tiene un gran significado que se pierde con el "bautismo católico por rociamiento"

Aún en algunas ruinas del tiempo de Jesús, se han encontrado grandes pilas bautismales. En ese tiempo era clara la forma de practicar el bautismo. Hoy día, algunas iglesias se han tomado la autoridad en las manos para cambiar la forma de practicar este sagrado rito, mojando con unas cuantas gotas, la cabeza del recién nacido.

Según la palabra de Dios, los niños deben de ser presentados al templo, no para bautizarlos, sino para entregar sus vidas a Dios para que lo bendiga y lo proteja y cuando tenga entendimiento de las verdades, debe de tomar su propia decisión de bautizarse.

Marcos 16:16

"El que _creyere_ y fuere _bautizado_, será salvo; mas el que no creyere, será condenado."

Si notas, debe de haber una condición para bautizarse y es creer. ¿Cómo un bebé va a creer si ni sabe lo que le están haciendo? Un niño de cierta edad si entiende y quiere, puede ser bautizado también.

Lucas 2:21

"Cumplidos los ocho días para circuncidar al niño, le pusieron por nombre JESUS, el cual le había sido puesto por el ángel antes que fuese concebido. 22 Y cuando se cumplieron los días de la purificación de ellos, conforme a la ley de Moisés, le trajeron a Jerusalén para presentarle al Señor."

Jesús no fue bautizado cuando niño, sino que fue presentado y a los treinta años Juan el Bautista lo bautizó.

Te pregunto: ¿tú ya fuiste bautizado con el bautismo de Jesús? Recuerda. Aunque los gentiles habían recibido el Espíritu Santo, también era necesario que se bautizaran como Pedro lo menciona. Cuanto más, si aún no hemos experimentado la unción del Espíritu Santo, necesitamos ser bautizados, una vez que hemos conocido la verdad. El bautismo es un pacto con Dios, de que lo estamos aceptando, y es un acto público, como señal de nuestro verdadero arrepentimiento y entrega al Señor.

Si deseas seguir a Jesús, debes bautizarte.

La obediencia a su palabra es vital para su bendición. Ahora, algunas personas han practicado el bautismo por inmersión bajo otros intereses.

Por ejemplo, un muchacho se puede bautizar solo porque le gusta una muchacha de la iglesia, o para que la familia de la novia, se sienta bien con él, pero su corazón puede estar a miles de millas de distancia de Jesús. Eso se llama obediencia de apariencia o externa, eso no vale. La obediencia que Dios desea es la interna, la del corazón, donde tu mente está enfocada en amar a Jesús y servirle, en apartarse del pecado y permitir ser instruido por el Espíritu Santo. Esa era la hermosa experiencia de David.

Cuando Dios envió al profeta Samuel a ungir al segundo rey de Israel, lo envió a la familia de Isaí.

1 Samuel 16:4-7

"Hizo pues Samuel como le dijo Jehová. Y luego que él llegó a Belén, los ancianos de la ciudad le salieron a recibir con miedo, y dijeron: ¿Es pacífica tu venida? 5 Y él respondió: Sí, vengo a sacrificar a Jehová; santificaos, y venid conmigo al sacrificio. Y santificando él a Isaí y a sus hijos, llamólos al sacrificio. 6 Y <u>aconteció que como ellos vinieron, él vio a Eliab, y dijo: De cierto delante de Jehová está su ungido. 7 Y Jehová respondió a Samuel: No mires a su parecer, ni a lo grande de su estatura, porque yo lo desecho; porque Jehová mira el corazón."</u>

Al parecer, Eliab, el hijo mayor de Isaí, era muy alto y de muy hermosa presencia, por lo que el profeta Samuel pensó que era el elegido de Dios, pero Jehová le dice al profeta que no se deje llevar por las apariencias, porque lo que vale realmente para Dios, es el corazón.

Al pobre David, el hijo menor, su padre Isaí ni lo había tomado en cuenta, sino que lo dejó en el campo cuidando las ovejas, pero era el que Dios había elegido como rey de Israel. Isaí no comprendía lo que Dios realmente andaba buscando pues pensó que su hijo mayor que era el de mejor porte y estatura, de seguro sería el elegido pero no fue así. Lo sorprendente es que ni siquiera el profeta Samuel entendía que era lo que Dios miraba en las personas hasta ese día que lo comprendió.

Veamos el resto de la historia:

1 Samuel 16:10-14

E hizo pasar Isaí sus siete hijos delante de Samuel; mas Samuel dijo a Isaí: Jehová no ha elegido a éstos. 11 Entonces dijo Samuel a Isaí: ¿Hanse acabado los mozos? Y él respondió: Aún queda el menor, que apacienta las ovejas. Y dijo Samuel a Isaí: Envía por él, porque no nos sentaremos a la mesa hasta que él venga aquí. 12 Envió pues por él, e introdújolo; el cual era rubio, de hermoso parecer y de bello aspecto. Entonces Jehová dijo: Levántate y úngelo, que éste es. 13 Y Samuel tomó el cuerno del aceite, y ungiólo de entre sus hermanos. Y desde aquel día en adelante el Espíritu de Jehová tomó a David. Levantóse luego Samuel, y volvióse a Ramá.

David había aprendido a amar a Jehová, y así fue durante la mayor parte de su vida, pues le escribió varios Salmos y venció aún a Goliat que era un gigante, arriesgando su propia vida, solo porque estaba ofendiendo a su Dios. Fue uno de los mejores reyes de Israel y fue el padre del sabio Salomón. El que le siguió en el trono.

Un cristiano no puede ser un vencedor, sin el poder del Espíritu Santo; es por eso que el verdadero cristiano, conoce el secreto de la victoria y anhela el Espíritu Santo cada momento.

Si alguno espera ser salvo sin la ayuda del Espíritu Santo, se quedará en el camino. Necesitamos ser sellados para poder estar listos para la venida de Jesús.

Efesios 4:30

"No agravien al Espíritu Santo de Dios, con el cual fueron sellados para el día de la redención."

La única manera de estar mas cerca de Dios, es anhelando y procurando el derramamiento del Espíritu Santo, por medio de la oración sincera y el estudio de su palabra. Así recibiremos poder, para enfrentar las dificultades que vendrán al final de los tiempos.

Quiera Dios que también, tú hayas entendido la importancia de prepararse para que El Espíritu Santo, sea una realidad en tu vida. Búscalo todos los días en oración. Prepara tu mente y apártate del mal, y estarás acercándote a esa gran bendición.

Hemos estado avanzando y ya tenemos tres verdades:

1-Dios como la primera verdad=Nuestro Creador.
2-Jesús como la segunda verdad=Nuestro Salvador.
3-El Espíritu Santo como la tercera verdad=Nuestro Consolador.

Apliquemos ahora las 4 características de la verdad al Espíritu Santo, a ver si se aplican.

1-¿Es el Espíritu Santo único?

Claro que el Espíritu Santo es único, y se demuestra desde el segundo versículo de la Biblia. Los demás son malos espíritus que tuvieron un principio y tendrán un fin. El Espíritu Santo es por siempre. No tiene ni principio ni fin.

Génesis 1:2

"Y la tierra estaba desordenada y vacía, y las tinieblas estaban sobre la faz del abismo, y el Espíritu de Dios se movía sobre la faz de las aguas."

Como puedes observar se menciona al Espíritu de Dios en singular. La tercera persona de la Divinidad siempre ha estado presente y no son varios Espíritus Santos. Es único.

Todos los demás espíritus engañadores son de Satanás.

2-¿Es el Espíritu Santo Universal?

Salmos 139:7,8

"¿Adónde me iré de tu Espíritu? ¿Y a dónde huiré de tu presencia? 8Si subiere a los cielos, allí estás tú; Y si en el Seol hiciere mi estrado, he aquí, allí tú estás."

3-¿Es el Espíritu Santo invariable?

Recordemos que Dios es uno solo, así que la trinidad de Dios Padre, Dios Hijo y Dios Espíritu Santo, tienen las mismas capacidades porque son uno, no es que trabajan por separado sino que son uno en pensamiento y acción. Así que si Dios es invariable, por supuesto que el Espíritu Santo también.

San Juan 4:24

"Dios es Espíritu; y los que le adoran, en espíritu y en verdad es necesario que adoren."

Malaquías 3:6

"Porque yo Jehová no cambio; por esto, hijos de Jacob, no habéis sido consumidos"

¿Se imaginan que Dios Padre de una orden pero el Espíritu Santo dice que no, que el va a variar esa decisión?

Sería un caos para el mundo entero.

4-¿Es el Espíritu Santo eterno?

Hebreos 9:14

¿Cuánto más la sangre de Cristo, el cual mediante el <u>Espíritu eterno</u> se ofreció a sí mismo sin mancha a Dios, limpiará vuestras conciencias de obras muertas para que sirváis al Dios vivo?

¿Se imaginan que el Espíritu Santo se muera?

¿Quién nos va a llevar a la verdad?

¿Quién nos va a convencer que somos pecadores para que sintamos la necesidad de un Salvador?

Este mundo moriría sin esperanza porque al desaparecer el Espíritu Santo, desaparece Dios y Jesucristo.

¿Te estás dando cuenta de la importancia del Espíritu Santo en tu vida?

El Espíritu Santo, cumple ampliamente con las características de la verdad.

Es más. Sin el Espíritu Santo, no habría Dios y no habría Jesús y no existiría Satanás pero tampoco tú existirías ni el planeta ni el Universo ni cosa alguna.

Alabemos a Dios por el Espíritu Santo, y que llegue a ser parte de nuestra vida, mas que el respirar, y mas que el comer, y que cualquier otra cosa de importancia en nuestra vida.

Tenemos hasta el momento entonces 3 verdades.

1-Dios= nuestro Creador.
2-Jesús =nuestro Salvador.
3-Espíritu Santo= nuestro Consolador.

Te invito a que pasemos al próximo capítulo, para avanzar y descubrir la cuarta verdad del verdadero cristiano.

Espero que hasta el momento, te esté yendo bien en el examen.

CAPITULO 6

La Cuarta Verdad

SAN JUAN 17:17 *"Santifícalos en tu verdad; tu palabra es verdad."*

Encontramos que la palabra de Dios es verdad. Fue inspirada por el Espíritu Santo. Su autor aun vive.

2 Timoteo 3:16,17

"Toda la Escritura es inspirada por Dios, y útil para enseñar, para redarguir, para corregir, para instruir en justicia, a fin de que el hombre de Dios sea perfecto, enteramente preparado para toda buena obra."

Tú puedes estudiar en las mejores universidades del mundo, y sacar los mejores doctorados, pero los verdaderos valores los encuentras estudiando la palabra de Dios.

Tú puedes llegar a ser una persona aparentemente exitosa para el mundo, pero ante Dios, pueda que estés más lejos que las estrellas.

La palabra de Dios nos guía y nos orienta, nos corrige y nos muestra por donde vamos. El hombre sin la palabra de Dios, puede extraviarse antes de haber abierto la puerta de su casa y aunque para sí, se sienta sabio he inteligente, solo está perdido en su ignorancia.

Hay cientos de casos de personas que han sido admiradas por su inteligencia, y grandes honores universitarios, y han llevado a su nación o sus empresas a la ruina, incluyendo hasta su matrimonio. Cada país tiene una lista de personas en esta categoría. Por un tiempo fueron admirados pero su resultado final, fue funesto.

> EL HOMBRE QUE NO SE DEJA ORIENTAR POR LA PALABRA DE DIOS, SIEMPRE ESTARA EN DESVENTAJA.

Romanos 15:4

"Porque las cosas que antes fueron escritas, para nuestra enseñanza fueron escritas; para que por la paciencia, y la consolación de las Escrituras, tengamos esperanza."

Si la palabra de Dios es verdad, entonces cualquier otra enseñanza que contradiga la palabra de Dios es una gran mentira.

¿Comienzas a entender la importancia de conocer la verdad que viene de Dios?

Hay personas que les encanta leer todo tipo de literatura, pero permiten que Satanás confunda su mente, y se dejan arrastrar por hombres aparentemente mas sabios, pero de igual manera, están constantemente presentando teorías de las cosas que les gustaría que así fuesen, pero aun la simpleza de la verdad, la cambian por ideas huecas que arruinan a sus seguidores. Si quieres saber si lo que estás aceptando está correcto, compáralo con la palabra de Dios y si se contradice, deséchalo porque solo es otra mentira.

MUCHOS NO ACEPTAN LA VERDAD PERO CUANDO SE LES PRESENTA LA MENTIRA, LA ACEPTAN COMO VERDAD.

Alguno dirá: ¿Te estas refiriendo a la verdad subjetiva? En realidad la verdad no es subjetiva. La verdad es verdad en cualquier parte del mundo. El hombre es el que ha inventado decir que es subjetiva. Yo le pregunto: ¿Entonces también la mentira es subjetiva? ¿O sea que a veces la mentira no es mentira? La verdad es verdad en todo tiempo como la mentira es mentira en todo tiempo. La verdad de Dios siempre será verdad y permanece para siempre, solo que algunas personas la quieren acomodar a sus situaciones diarias y eso es muy peligroso.

Hay iglesias que han sustituido la Biblia por otros libros alegando que esos son también inspirados. Si esos libros son inspirados, no se pueden contradecir con la Biblia. Satanás siempre ha procurado destruir la Biblia porque sabe que es una fuente de sabiduría y bendición para los que la buscan con sinceridad y sed de aprender. Cualquier otro libro que se acepte como inspirado, debe de reafirmar lo que dice la Biblia, pero jamás contradecirla.

El que estudia la Biblia con oración, descubre el plan de gobierno mentiroso y fracasado de Satanás y aunque Satanás sigue ofreciendo prosperidad y felicidad, todo es una farsa.

El que estudia la Biblia con oración, descubre el plan de gobierno maravilloso de la salvación en Cristo y su forma como regresará para no ser engañado.

Juan 17:17

"Santifícalos en tu verdad, tu palabra es verdad."

Aunque ya mostré este versículo anteriormente, creo necesario que lo veamos nuevamente. Si la palabra de Dios es verdad, cualquier otro libro que enseñen como verdad no puede contradecir la palabra de Dios. Para que ese otro libro sea verdad o inspirado, también debe pasar todas las pruebas y debe estar en completa armonía con la palabra de Dios. Es por eso que Pablo, sabiendo que algunos andaban tratando de confundir a los primeros cristianos, les advirtió:

Gálatas 1:8

"Mas aun si nosotros o un ángel del cielo os anunciare otro evangelio del que os hemos anunciado, sea anatema." (maldito).

Gálatas 5:12

"¡Ojalá que esos instigadores acabaran por mutilarse del todo!"

Pablo es muy directo y firme en defender el evangelio, y lo advierte muy claro.

Cualquier iglesia o persona que te esté enseñando doctrinas de hombres que no están fundamentadas en la palabra de Dios, no debe dárseles crédito. Pero no hagas tampoco lo que hacen muchos. Que alguien llega a enseñarles la verdad y les cierran las puertas en sus narices, perdiéndose tal vez, una gran bendición.

Si ellos te muestran la Biblia y el estudio es en base a la Biblia, puedes estudiar con ellos, pero recuerda. Tú vas a conocer hoy las cinco verdades del evangelio. Si ellos no te enseñan de acuerdo a eso, mucho cuidado. Pues la verdad a medias es una mentira completa.

Hay venenos tan mortíferos que una gota es suficiente en un vaso de agua para hacer de toda el agua un veneno. Así es la verdad cuando se le mezcla con la mentira.

Tenemos entonces claro, que la palabra de Dios, es una de las verdades que estamos buscando.

Veamos si la palabra de Dios cumple con las cuatro características de la verdad:

1-¿Es la palabra de Dios única?

Claro que es única. No hay otra palabra que la palabra de Dios. Puede haber muchos libros y muchos líderes que pretendan enseñar la verdad pero si no se están basando en la palabra de Dios. De ¿Quién entonces se están dejando guiar? ¿Qué clase de verdad están enseñando?

Gálatas 1:8

"Mas aun si nosotros o un ángel del cielo os anunciare otro evangelio del que os hemos anunciado, sea anatema (maldito).

2-¿Es la palabra de Dios Universal?

La palabra de Dios es para toda la humanidad no importa su color o raza. La palabra de Dios es una carta de amor, que guía a todo ser humano hacia el ser Creador, y le muestra con exactitud lo que acontecerá muy pronto.

Hay cientos de profecías que se han ido cumpliendo a la perfección, sin el más mínimo error. No hay hombre sobre la tierra que pueda escribir con tal exactitud. Aún Nostradamus que lo han hecho tan famoso, no ha acertado ni siquiera el 1% de sus profecías aunque el hombre le ha tratado de interpretar a su favor todo lo que pasa.

Apocalipsis 22: 18

"Yo testifico a todo aquel que oye las palabras de la profecía de este libro: Si alguno añadiere a estas cosas, Dios traerá sobre él las plagas que están escritas en este libro. 19Y si alguno quitare de las palabras del libro de esta profecía, Dios quitará su parte del libro de la vida, y de la santa ciudad y de las cosas que están escritas en este libro."

3-¿Es la palabra de Dios Invariable?

San Mateo 5:18

"Porque de cierto os digo que hasta que pasen el cielo y la tierra, ni una jota ni una tilde pasará de la ley, hasta que todo se haya cumplido."

La palabra de Dios no cambia. Dios la ha protegido contra todo ataque del enemigo, y seguirá guiando a todos aquellos que la escudriñen con un corazón humilde, y con deseos de obedecerla.

4-¿Es la palabra de Dios eterna?

Aun el papa, Benedicto XVI, reconoció que la palabra de Dios no caduca, aunque en el tiempo de la inquisición, sus antecesores no opinaban igual y trataron de hacerla desaparecer, para que el pueblo no descubriera la verdad y siguiera obedeciendo sus doctrinas adulteradas. Se quemaron todos los ejemplares que encontraron en ese entonces pero los fieles hijos de Dios la protegieron y ahora es como una semilla que no deja de reproducirse.

El poder papal persiguió por 1260 años a todos aquellos que no se sujetaran a sus doctrinas. Los cristianos que solo querían leer y obedecer las doctrinas escritas en la Biblia, eran torturados y quemados en la hoguera, solo por querer obedecer a Dios y no a las doctrinas de los hombres. Esta persecución se dio desde el año 538 d. C hasta el año 1798 lo que cumple la profecía de los 1260 días o años de Daniel 7, 12 y Apocalipsis 11, 12, 13. Esta es una de las profecías de tiempo mas claras que identifican claramente al perseguidor del verdadero pueblo de Dios.

Isaías 41:8

"Sécase la hierba, marchítase la flor; mas la palabra del Dios nuestro permanece para siempre."

Muchos se han atrevido a tratar de corregir la Biblia, quitándole o agregándole libros o hasta versículos enteros. Se olvidan que la Biblia toda es inspirada por Dios.

2 Timoteo 3:16,17

"Toda escritura está inspirada por Dios y es útil para enseñar y reprender, para corregir y educar en una vida de rectitud, 17 para que el hombre de Dios esté capacitado y completamente preparado para hacer toda clase de bien."

Si tú compras el periódico, una vez que lo lees, lo echas a la basura porque ya perdió su interés.

La palabra de Dios nunca pasa de moda, y se mantiene siempre cerca, para todo el que quiera escudriñarla, y conocer a su Creador. Siempre tiene algo más para enseñarnos.

La palabra de Dios fue escrita primero en hebreo y otra parte en griego y algunas pequeñas porciones en arameo. Es un conjunto de libros que se fueron uniendo hasta formar lo que hoy conocemos como Biblia.

Toda la Biblia fue inspirada por el Espíritu Santo, y escrita por dirección de Dios, por mas de 40 personas inspiradas, y esto abarcó aproximadamente 1600 años.

Actualmente la Biblia a sido traducida a más de 2000 lenguajes, y se sigue trabajando cada día, para traducirla en muchas otras lenguas de tribus o grupos pequeños.

Lo hermoso de la palabra de Dios, es que esta nunca caduca, sino que cada vez que la estudiamos, encontramos más tesoros que nos enriquecen y nos alientan a seguir adelante.

Hay cientos de profecías que se han estado cumpliendo a la perfección, lo que demuestra que es un libro inspirado por Dios. Hay también hermosas promesas de esperanza y bendición, para todo aquel que crea, y las acepte en su vida.

Una de las más hermosas promesas para el cristiano, es que Jesús mismo prometió volver, y esta promesa salió de sus propios labios.

San Juan 14:1-3

"No se turbe vuestro corazón; creéis en Dios, creed también en mí. 2En la casa de mi Padre muchas moradas hay; si así no fuera, yo os lo hubiera dicho; voy, pues, a preparar lugar para vosotros. 3Y si me fuere y os preparare lugar, vendré otra vez, y os tomaré a mí mismo, para que donde yo estoy, vosotros también estéis".

La palabra de Dios es uno de los regalos más hermosos para el ser humano. En ella encontramos consuelo, bendición, esperanza, victoria, perdón, ánimo, inteligencia, sabiduría y sobre todo es la guía para que nos mantengamos por el camino de la salvación.

Hemos entonces descubierto esta cuarta verdad maravillosa, por las que muchos en el pasado dieron su propia vida para protegerla.

¿Estás dispuesto a dejarte guiar por ella?

¿Estás dispuesto a desempolvarla y comenzar a estudiarla para aplicar en tu vida sus consejos?

Si no sabes como estudiar la Biblia, al final de este libro está mi dirección de e-mail para que me escribas y hacerte llegar un cuestionario esencial para conocer los temas básicos.

Cuales son entonces, las 4 verdades maravillosas que ya hemos encontrado:

Primer verdad=Dios nuestro Creador.
Segunda verdad=Jesús nuestro Salvador.
Tercera verdad=Espíritu Santo como nuestro Consolador.
Cuarta verdad=La Biblia como la luz que nos orienta.
Quinta verdad=?

La quinta verdad la conoceremos en el próximo capítulo, y completaremos así, las cinco verdades que identifican a la verdadera iglesia. Quiera Dios que si te está faltando una o mas verdades en tu vida de cristiano, Dios te toque y te de el valor para hacer los cambios que tengas que hacer.

CAPITULO 7

La Quinta Verdad

LOS 10 MANDAMIENTOS fueron lo único que Dios no le confió al hombre sino que el mismo los escribió por medio del Espíritu Santo.

La ley de Dios no salva pero nadie se salvará desobedeciendo a la ley de Dios.

La ley de Dios es Universal. Es decir vale y se puede practicar en cualquier región del mundo. Las leyes de los países son regionales. Tú no puedes vivir con la ley de Costa Rica en China. La ley de Costa Rica solo vale y se puede aplicar dentro del territorio costarricense. La ley de Dios no tiene fronteras. Cuando este mundo pase, todo se quedará atrás pero la ley de Dios seguirá vigente.

Isaías 66:23

"Y de mes en mes, y de día de reposo★ en día de reposo★, vendrán todos a adorar delante de mí, dijo Jehová."

★aquí equivale a Sábado.

Los asteriscos han sido agregados en algunas versiones actuales para explicar que donde dice séptimo, significa sábado. En las Biblias más antiguas, aparece directamente la palabra sábado.

Si tú observas con atención, el verbo "<u>vendrán</u>" es futuro. Es decir, la ley de Dios ha existido en el cielo, antes que nuestro planeta existiese, y aún después de su segunda venida, la ley de Dios seguirá vigente en los cielos.

Satanás fue expulsado del cielo precisamente, por rebelarse contra la ley de Dios. Se animó a desafiar a Dios objetando que la ley era injusta. Hoy muchas personas, siguen haciendo lo mismo.

Salmos 119:142

"Tu justicia es justicia eterna, <u>Y tu ley la verdad.</u>"

Salmos 119:151

"Cercano estás tú, oh Jehová, <u>Y todos tus mandamientos son verdad.</u>"

Todo en este mundo es regido por leyes. Tanto el Universo, como los componentes mas pequeños del átomo. Todo está sujeto a una ley que Dios les asignó.

¿Te imaginas que nuestro planeta desobedezca a la ley que lo gobierna y decida hacer lo que le plazca?

¿Te imaginas que las personas no quieran respetar las leyes de tránsito?

Sería un desastre. Las leyes por lo general son para nuestro bien. El que roba debe pagar. El que mata debe ser castigado y así cada infracción, tiene su precio.

¿Te imaginas a un hogar sin ley?

¿A un país sin ley?

¿Te imaginas a un Dios sin ley?

¿Cómo sería el Universo sin ley?

Los científicos están cada día más convencidos, que hay leyes en todo el Universo que rigen el orden de las galaxias y que toda cosa sea animada o inanimada, está sujeta a esas leyes. La ley de la gravedad si de pronto desapareciera, ¿que pasaría? Seria un desastre total, pero gracias a la ley de la gravedad, aun podemos estar sujetos a la superficie para no andar en el espacio dando vueltas.

Aun en cada hogar existen leyes que deben obedecerse. Si una jovencita sale de noche y no regresa, de seguro tendrá problemas con sus padres por el abuso que cometió. Lo mismo pasa en la escuela y en todo nuestro alrededor, todo está regido por leyes aunque no seamos muy obedientes a ellas. Sin embargo estas leyes no interfieren en nuestra salvación, como si lo es la Ley de Dios. Si hay una ley que deberíamos hacerla parte de nuestra vida diaria, es la ley de Dios.

La ley de Dios nos muestra el carácter de Dios, nos muestra su santidad, y nos acerca a EL. La ley de Dios es como un espejo para el ser humano, que le muestra la condición en que está y le ayuda en su camino para encontrar la paz, y ser más espiritual. La maldad que ha ido en crecimiento en nuestro diario vivir, es porque el hombre se está olvidando de la Ley de Dios.

Si abolimos la ley de un país, podemos ocasionar hasta una guerra civil y ganará el más fuerte.

Si abolimos la ley de Dios ¿Cómo sabremos qué es correcto y que es incorrecto?

¿Como saber si estamos en pecado, y por tanto, perdidos?

¿Que es pecado?

El pecado es la transgresión (desobediencia) de la ley.

1 Juan 3:4

"Todo aquel que comete pecado, infringe (desobedece) *también la ley; pues el pecado es infracción* (desobediencia) *a la ley.*

¿Necesitamos algo mas claro?

Si la ley de Dios como algunos grupos religiosos dicen, ya fue anulada, ¿Por qué no mata? ¿Por qué no roba? Porque aún las leyes de las naciones que salieron de la ley de Dios, castiga estas cosas. Es más. Nadie que mata puede tener la excusa de que no sabe de la ley de Dios. El que mata sabe que está haciendo algo incorrecto y si no pregúntale por que sale corriendo. Lo mismo el que roba. Si creyera que robar es bueno, lo haría a cualquier hora del día, y sin tener armas o correr, pero aunque no conoce la ley de Dios a profundidad, él dentro de si, sabe que lo que está haciendo es incorrecto y huye para esconderse porque sabe que la ley del hombre lo señala; cuanto mas la ley de Dios.

Mateo 5:17,18

"No piensen que he venido a anular la ley o los profetas; no he venido a anularlos sino a darles cumplimiento. 18 Les aseguro que mientras existan el cielo y la tierra, ni una letra ni una tilde de la ley desaparecerán hasta que todo se haya cumplido."

Satanás se complace en engañar al mundo haciéndoles creer que la ley de Dios perdió su valor. Recordemos una vez más Isaías 40:8

"Marchitase la hierba, marchitase la flor, mas la palabra de Dios nuestro, permanece para siempre."

Romanos 3:20

"Ya que por las obras de la ley ningún ser humano será justificado delante de él; <u>porque por medio de la ley es el conocimiento del pecado.</u>"

La ley de Dios es vital para mostrarnos nuestra condición delante de Dios. Sin ley no habría pecado, y sin pecado no necesitaríamos de un salvador. Eso es lo que Satanás quiere hacer creer al mundo entero para llevarlos a todos al abismo.

Satanás te ofrece al principio algo atractivo, pero luego te mete el puñal por la espalda, porque te odia y solo busca como destruirte. No importa cual sea tu situación, yo te voy a dar un secreto para ser una persona victoriosa. Si tú has luchado y sientes que eres un hipócrita, y un cristiano tibio, es porque le has entregado a Dios tu vida a medias, tus proyectos, tus deseos. El secreto de la victoria es caer de rodillas delante de Dios y decirle:

"Señor, Siempre te he entregado migajas. Hoy quiero renovar mi voto contigo, y entregarte toda mi vida sin reserva. Todo pecado acariciado, todo proyecto, todo plan para que tu tomes mi vida entera, y la utilices de acuerdo a tu santa y divina voluntad. Quiero ser tu instrumento de ahora en adelante, ya no me quiero afanar por las cosas de este mundo, y mientras respire y viva, quiero tener el privilegio de servirte. Por favor Dios Padre. Te pido por nuestro Señor Jesucristo, que me escuches y me limpies de todo pecado, y me des el privilegio de vivir solo para ti, por lo que me queda de esta vida. No quiero acariciar ningún pecado ya mas, ni quiero afanarme por el dinero o las cosas materiales.

Deseo estar contigo en todo momento, solo súpleme lo necesario para el diario vivir, y úsame de acuerdo a tu divina voluntad. Que tu Santo Espíritu sea una realidad en mi vida, es en el nombre de tu hijo amado Jesús que te lo pido. Amén.

Todos los hombres y mujeres, que a través de los tiempos desde el principio de este mundo, han permitido que sea Dios quien gobierne sus vidas, han sido personas, grandemente bendecidas. Podríamos recordar a José que desde niño era conocedor de Dios, y en su corazón procuraba siempre obedecer. Sus hermanos sentían envidia, y lo vendieron como esclavo, pero a pesar de que José llegó sin un centavo en sus bolsillos y como esclavo a Egipto; llegó a ser uno de los más grandes de esta nación. Aun los obstáculos que aparecen en el camino del cristiano, terminan convirtiéndose en bendición.

Si hay algo que el enemigo a tratado de destruir es la ley de Dios. En el cielo la atacó diciendo que era una ley injusta y la sigue atacando en la tierra. Algunas iglesias se han prestado para servirle a este usurpador y se han atrevido a cambiar los diez mandamientos. Dios les dará su paga en su debido tiempo.

Apocalipsis 21:6

"Y me dijo: Hecho está. Yo soy el Alfa y la Omega, el principio y el fin. Al que tuviere sed, yo le daré gratuitamente de la fuente del agua de la vida. 7El que venciere heredará todas las cosas, y yo seré su Dios, y él será mi hijo. 8Pero los cobardes e incrédulos, los abominables y homicidas, los fornicarios y hechiceros, los idólatras y todos los mentirosos tendrán su parte en el lago que arde con fuego y azufre, que es la muerte segunda."

Daniel 7:25

"Y hablará palabras contra el Altísimo, y a los santos del Altísimo quebrantará, y pensará en cambiar los tiempos y la ley; y serán entregados

en su mano hasta tiempo, y tiempos, y medio tiempo." (Los 1260 años que van desde 538 d.C hasta 1798).

Este versículo se está refiriendo a la cuarta bestia de Daniel 7 y 8 que explico en el libro CRISIS MUNDIAL CASUALIDAD O PROFECIA? De paso si usted no entiende la profecía de Daniel 2, le recomiendo leer ese libro.

Los desastres que se están presentando en nuestro planeta, obedecen en gran manera, a que el hombre se ha olvidado de la ley de Dios, y no ha sabido ser un buen mayordomo. Se ha hecho desobediente, y está destruyendo su propio hábitat. El cambio climático es cada día más evidente, y aunque al principio algunos gobiernos como los Estados Unidos, eran un poco escépticos, ahora están comenzando a preocuparse. Estamos llegando al final de los tiempos y las calamidades solo irán en aumento hasta la venida de Cristo.

Hay un poder grande en la tierra disfrazado bajo una religión de aparente piedad, pero realmente es la Babilonia de la que habla el Apocalipsis, la madre de las rameras, que ha engañado al mundo entero, enseñando doctrinas de hombres, y pisoteando la ley de Dios.

Salmo 119:34

"Dame entendimiento, guardaré tu ley y la cumpliré de todo corazón."

Espero que podamos decir lo mismo como el salmista, y estoy seguro que Dios nos dará entendimiento y nos gozaremos guardando su ley.

Juan 15:10,11

"Si Guardareis mis mandamientos, permaneceréis en mi amor; así como yo he guardado los mandamientos de mi Padre, y permanezco en

su amor. Estas cosas os he hablado, para que mi gozo esté en vosotros, y vuestro gozo sea cumplido."

1 Juan 2:4,5

"El que dice: Yo le conozco, y no guarda sus mandamientos, el tal es mentiroso, y la verdad no está en él; pero el que guarda su palabra, en éste verdaderamente el amor de Dios se ha perfeccionado; por esto sabemos que estamos en él."

1 Juan 5:2-5

"En esto conocemos que amamos a los hijos de Dios, cuando amamos a Dios, y guardamos sus mandamientos. 3Pues éste es el amor a Dios, que guardemos sus mandamientos; y sus mandamientos no son gravosos. 4Porque todo lo que es nacido de Dios vence al mundo; Y ésta es la victoria que ha vencido al mundo, nuestra fe. 5 ¿Quién es el que vence al mundo, sino el que cree que Jesús es el Hijo de Dios?"

1 Juan 3:24

"Y el que guarda sus mandamientos, permanece en Dios, y Dios en él. Y en esto sabemos que él permanece en nosotros, por el Espíritu que nos ha dado"

Algunos sienten que guardar la ley de Dios es una carga, pero cuando llega a comprender que la ley de Dios es un espejo que nos acerca a Jesús, se dan cuenta que mas bien nos facilita la vida acá en la tierra, ante tantas mentiras y promesas del enemigo. La ley de Dios refleja su carácter de amor y nos muestra el camino a seguir. Es como una brújula que te muestra el camino. Sin ley nuestra vida es un caos detrás de los afanes de esta vida.

Apocalipsis 14:12

"Aquí está la paciencia de los santos, los que guardan los mandamientos de Dios y la fe de Jesús."

A Satanás no le interesa perseguir a las iglesias que desobedecen la ley de Dios. ¿Para qué? Si ya son suyas.

Apocalipsis 12:17

"Entonces el dragón se enfureció contra la mujer, y se fue a hacer guerra contra el resto de sus descendientes, <u>los cuales obedecen los mandamientos de Dios</u> y se mantienen fieles <u>al testimonio de Jesús.</u>"

El versículo anterior muestra claramente las dos características de la iglesia que Satanás quiere destruir.

Los que dicen que la ley de Dios fue clavada en la cruz, parece que no han visto el evangelio de San Mateo.

Mateo 5:17,18

"No penséis que he venido para abrogar la ley o los profetas; no he venido a abrogar, sino a cumplir. 18Porque de cierto os digo, que hasta que pase el cielo y la tierra, ni una jota ni una tilde perecerá de la ley, hasta que todas las cosas sean hechas."

San Juan 14:21

"El que tiene mis mandamientos, y los guarda, ése es el que me ama; y el que me ama, será amado por mi Padre, y yo le amaré, y me manifestaré a él."

¿Pasa la ley de Dios el examen de las cuatro características que debe tener la verdad?

1-¿Es la ley de Dios única?

Claro que si. No hay ninguna ley más santa, justa y buena que la ley de Dios y que se pueda guardar en toda parte.

Romanos 7:12

"De manera que la ley a la verdad es santa, y el mandamiento santo, justo y bueno."

La ley de los hombres es imperfecta y constantemente está sufriendo alteraciones. La ley de Dios es perfecta y no cambia con el tiempo, como si Dios no conociera el futuro y tuviera que estarse adaptando.

2-¿Es la ley de Dios Universal?

Claro que sí. Cualquier persona en el mundo la puede guardar donde esté. Ninguna ley del hombre es Universal. Solo son regionales y funcionan para ese país y ese gobierno que la creó, y aún así esta llena de errores, y hace que se produzcan muchas injusticias.

3-¿Es la ley de Dios Invariable?

La ley de Dios no necesita estarse revisando ni adaptando a las circunstancias del ser humano. Dios que conoce todos los tiempos la hizo perfecta.

Salmo 19:7

"La ley de Jehová es perfecta, que convierte el alma; El testimonio de Jehová es fiel, que hace sabio al sencillo. 8Los mandamientos de Jehová son rectos, que alegran el corazón; El precepto de Jehová es puro, que alumbra los ojos."

Juan 4:23

"Mas la hora viene, y ahora es, cuando los verdaderos adoradores adorarán al Padre en espíritu y en verdad; porque también el Padre tales adoradores busca que le adoren.

Como lo mencionamos anteriormente, es de suma importancia tener claro, que hay también muchos adoradores del mismo Dios que son falsos, porque están guardando falsas doctrinas que no son bíblicas, ni mucho menos inspiradas.

Tú puedes gastarte yendo a una iglesia, y tal vez nunca te diste cuenta que eras un falso adorador, simplemente porque siempre creíste lo que te decían, pero nunca te tomaste el tiempo para leer y meditar en la Biblia. Siempre confiaste en los seres humanos, y perdiste la vida eterna.

4-¿Es la ley de Dios inmortal?

Isaías 66:23

"Y de mes en mes, y de día de reposo* en día de reposo*, vendrán todos a adorar delante de mí, dijo Jehová."

*aquí equivale a Sábado.

Antes que el hombre existiese, ya existía la ley de Dios y seguirá existiendo en los cielos, aun después que el hombre sea rescatado del pecado. Dios adaptó la ley a la condición del hombre, pero su esencia no cambia.

Si tú quieres ser guiado a la verdad yo te aconsejo tres cosas:

1-Ore a Dios pidiéndole te muestre la verdad.
2-Lea la Biblia con humildad y oración, pidiendo que el Espíritu Santo te muestre la verdad y te de entendimiento.

3-Permanezca en comunión con EL. Es decir. No es que lo vas a intentar a ver que pasa por una semana. Tú te vas a dedicar a conocer a Dios, y vas a hacer de la Biblia, tu libro de texto, vas a permanecer orando las veces que sea necesario, y vas a ser humilde para reconocer y aceptar las nuevas verdades que vas a ir descubriendo, y si sientes deseo, también puedes ayunar. Dios con seguridad guiará al corazón que le busca con sinceridad.

Jeremías 17:7

"Bendito el varón que confía en Jehová, y cuya confianza es Jehová."

A continuación te presento la Ley de Dios, tal y como está en su palabra para que medites en ella, a ver si donde te congregas, es la misma ley o se ha adulterado. De paso te recomiendo, hasta donde sea posible, que la Biblia de texto que puedes utilizar es la de Reina Valera de 1960. Es la más popular y más clara.

LA LEY DE DIOS

Éxodo 20:1-17

1 Y habló Dios todas estas palabras, diciendo; 2Yo soy Jehová tu Dios, que te saqué de la tierra de Egipto, de casa de servidumbre.

I

3 No tendrás dioses ajenos delante de mí.

II

4 No te harás imagen, ni ninguna semejanza de lo que esté arriba en el cielo, ni abajo en la tierra, ni en las aguas debajo de la tierra. 5No te inclinarás a ellas, ni las honrarás; porque Yo soy Jehová tu Dios, fuerte, celoso, que visito la maldad de los padres sobre los hijos hasta la tercera y cuarta generación de los que me aborrecen, 6y hago misericordia a millares, a los que me aman y guardan mis mandamientos.

III

7 No tomarás el nombre de Jehová tu Dios en vano; porque no dará por inocente Jehová al que tomare su nombre en vano.

IV

8 Acuérdate del día de reposo* para santificarlo. (*aquí equivale a Sábado). *9Seis días trabajarás, y harás toda tu obra; 10mas el séptimo día es reposo** (*aquí equivale a Sábado) *para Jehová tu Dios; no hagas en el obra alguna, tú, ni tu hijo, ni tu hija, ni tu siervo, ni tu criada, ni tu bestia, ni tu extranjero que está dentro de tus puertas. 11Porque en seis días hizo Jehová los cielos y la tierra, el mar, y todas las cosas que en ellos hay, y reposó en el séptimo día; por tanto, Jehová bendijo el día de reposo* y lo santificó.* (*Aquí equivale a Sábado).

V

12 Honra a tu padre y a tu madre, para que tus días se alarguen en la tierra que Jehová tu Dios te da.

VI

13 No matarás.

VII

14 No cometerás adulterio.

VIII

15 No hurtarás

IX

16 No hablarás contra tu prójimo falso testimonio.

X

17 No codiciarás la casa de tu prójimo, no codiciarás la mujer de tu prójimo, ni su siervo, ni su criada, ni su buey, ni su asno, ni cosa alguna de tu prójimo.

He subrayado algunas partes para que podamos percibirlas mejor. Ahora analiza si en la iglesia donde tú te congregas, o te gustaría congregarte en caso que todavía no asistas a ninguna, a ver si se guarda la ley de Dios como él la dejó en su Santa Palabra. Cualquier alteración, hace nula toda la ley, pues la verdad adulterada es una mentira completa.

Santiago 2:10

"Porque cualquiera que guardare toda la ley, pero ofendiere en un punto, se hace culpable de todos."

Hay personas que dicen que la Ley de Dios fue eliminada en la cruz.

Hebreos 5:17

"No penséis que he venido para abrogar (anular) *la ley o los profetas; no he venido para abrogar* (abrogar*), sino para cumplir.*

Esto lo dijo el propio Jesús porque ya en ese tiempo algunos estaban menospreciando la ley y alterándola. El único pueblo que ha sido fiel a la ley de Dios, en los últimos tiempos, es el pueblo remanente de Dios.

Los judíos fueron unos de los que hicieron de la ley una pesada carga, pues le agregaron una infinidad de detalles que la hacia imposible de guardar.

Si estudiamos la vida de Jesucristo, encontramos que en ningún momento el desobedeció a la ley de Dios, sino que fue fiel como ninguno de nosotros. Aún el cuarto mandamiento que el enemigo trató de eliminar, Jesús siempre lo guardó, yendo todos los Sábados a la sinagoga. Jesús vivió y enseñó a guardar los diez mandamientos.

San Lucas 4:16

"Y vino a Nazaret, donde había sido criado; y entró, conforme a su costumbre, el día del sábado en la sinagoga, y se levantó a leer."

Jesús nunca iba los domingos a la iglesia. El siempre guardó el sábado y después de su muerte, los discípulos lo siguieron guardando.

¿Te acuerdas del joven rico?

Este se le acercó a Jesús y le preguntó: *"maestro bueno que debo hacer para tener la vida eterna."* Jesús lo guió a los diez mandamientos y le dijo que los guardase. El joven estaba realizado, pues los había guardado desde su juventud, aunque realmente estaba engañado, pues le faltaba despojarse del amor al dinero que era aun más fuerte que el amor a Dios.

Jesús nunca habló en contra de los diez mandamientos. El problema es que muchos confunden la ley de Dios con la ley de Moisés o el Torah que eran los ritos y ceremonias que anunciaban la venida del Cordero, del verdadero Mesías que todos esos ritos apuntaban hacia EL. Cuando Jesús viene, toda esa ley del Torah va quedando atrás porque ya no era necesaria y cuando Jesús muere en la cruz, ya no era más necesario el sacrificio de corderos y otros animales porque el verdadero cordero había muerto en la cruz. Entonces la ley ceremonial fue clavada en la cruz y quedaba atrás pero eso nada tiene que ver con los diez mandamientos. Estos permanecen invariables para siempre.

La ley de Dios representa su carácter. ¿Cómo se va a eliminar?

San Mateo 7:21

"No todos los que me dicen: 'Señor, Señor, entrarán en el reino de los cielos, sino solamente los que hacen la voluntad de mi Padre celestial. 22 Aquel día muchos me dirán: 'Señor, Señor, nosotros comunicamos mensajes en tu nombre, y en tu nombre expulsamos demonios, y en tu nombre hicimos muchos milagros.' 23 Pero entonces les contestaré: 'Nunca los conocí; ¡aléjense de mí, malhechores!"

¿Te das cuenta?

Satanás hará, y está haciendo grandes señales en la tierra y en el cielo, y está engañando a millones. No permitas ser uno de sus títeres. Estudie la palabra de Dios con humildad y oración, y Dios que todo lo puede te mostrará si estás en el lado contrario, para que enderezcas tu camino y el de tu familia.

Jesucristo se muestra en el Antiguo Testamento como el Creador y en el Nuevo Testamento como nuestro Salvador, pero Satanás ha convencido a muchos diciendo que el Antiguo Testamento está obsoleto.

¿Tú que crees?

Cuando Jesús estaba en la tierra no existía todavía el Nuevo testamento sino que los discípulos siendo inspirados por el Espíritu Santo lo escribieron después.

Jesús estudiaba y enseñaba con el Antiguo Testamento. El Antiguo Testamento nos habla de la creación y del Mesías que vendría y de un sinnúmero mas de profecías que si se eliminara el Antiguo Testamento, sería tan estúpido como si tú compraras una casa con todos los ahorros de tu vida, pero te quedas solo con la llave y sigues durmiendo debajo de un árbol.

Si todos dicen tener la verdad y tienen diferentes creencias y doctrinas, algo no está bien. ¿Cómo sabemos entonces que amamos a Dios?

Dejemos que sea la misma palabra de Dios que nos conteste esa pregunta.

Juan 14:21

"El que recibe mis mandamientos y los obedece, demuestra que de veras me ama. Y mi Padre amará al que me ama, y yo también lo amaré y me mostraré a él."

Juan 14:23 *"Jesús le contestó:*

-El que me ama, hace caso de mi palabra; y mi Padre lo amará, y mi Padre y yo vendremos a vivir con él. 24 El que no me ama, no hace caso de mis palabras. Las palabras que ustedes están escuchando no son mías, sino del Padre, que me ha enviado.

1 Juan 2:3

"Si obedecemos los mandamientos de Dios, podemos estar seguros de que hemos llegado a conocerlo. 4 Pero si alguno dice: "Yo lo

conozco", y no obedece sus mandamientos, es un mentiroso y no hay verdad en él."

1 Juan 2:15

"No amen al mundo, ni lo que hay en el mundo. Si alguno ama al mundo, no ama al padre; 16 porque nada de lo que el mundo ofrece viene del Padre, sino del mundo mismo. Y esto es lo que el mundo ofrece: los malos deseos de la naturaleza humana, el deseo de poseer lo que agrada a los ojos y el orgullo de las riquezas.17 Pero el mundo se va acabando, con todos sus malos deseos; en cambio, el que hace la voluntad de Dios vive para siempre."

Los 10 mandamientos están por todas partes en la Biblia pero si deseas encontrarlos están también en Éxodo 20:1-17 y aún hay muchas hermosas promesas de bendición para los que los guardan. La ley de Dios aparece desde el Génesis hasta el Apocalipsis.

Dice Apocalipsis 14:8 *Lo siguió un segundo ángel, que decía: "¡Ya cayó, ya cayó la gran Babilonia, la que emborrachó a todas las naciones con el vino de su prostitución!" 9 Luego los siguió otro ángel, el tercero, que decía con fuerte voz: "Si alguno adora al monstruo y a su imagen, y se deja poner su marca en la frente o en la mano, 10 tendrá que beber el vino de la ira de Dios, que se ha preparado puro en la copa de su enojo; y será atormentado con fuego y azufre delante de los santos ángeles y del cordero. 11 El humo de su tormento sube por todos los siglos, y no hay descanso de día ni de noche para los que adoran al monstruo y a su imagen y reciben la marca de su nombre." 12 ¡Aquí se verá la fortaleza del pueblo santo, de aquellos que cumplen sus mandamientos y son fieles a Jesús!*

El subrayado es nuestro. Una de las características del verdadero pueblo de Dios, es que será fiel a sus mandamientos y a Jesús y a sus enseñanzas.

Bien. Hemos llegado al estudio final de las cinco verdades. Si usted pudo observar, todas las verdades salen de la palabra de Dios, así que ninguna es inventada por el hombre.

Ahora yo te invito a que hagamos un repaso de las cinco verdades o más bien presentemos, el resumen de las mismas.

LAS 5 VERDADES DEL VERDADERO CRISTIANO

Primer verdad=Dios nuestro Creador.
Segunda verdad=Jesús nuestro Salvador.
Tercera verdad=Espíritu Santo, nuestro Consolador.
Cuarta verdad=La Biblia, luz que nos alumbra el camino.
Quinta verdad=La Ley de Dios, carácter de Dios para que lo conozcamos y lo imitemos.

Ahora que conoces las cinco verdades del verdadero cristiano, ¿Qué vas a hacer?

Los últimos capítulos te pueden ayudar a contestar esta pregunta.

CAPITULO 8

¿Cuál Es El Propósito De Conocer La Verdad?

LA MISMA PALABRA de Dios nos sigue dando las respuestas.

San Juan 8:32

"conocerán la verdad, y la verdad los hará libres."

Hay personas que están hundidas en el licor y no reconocen que son esclavos del licor.

Hay miles de vicios y malas costumbres que están esclavizando a las personas y lo peor es que estas no se dan cuenta que son esclavas. ¿Cómo entonces se van a liberar?

Ahí es donde entra el poder de la verdad, ya sea por un amigo, un extraño, la radio, la televisión, una revista, la Biblia, la oración o muchos otros medios.

1 Timoteo 2:3

"Esto es bueno y agrada a Dios nuestro Salvador, 4pues él quiere que todos se salven y lleguen a conocer la verdad."

Somos esclavos hasta que descubramos y aceptemos la verdad. Esclavos del pecado, del engaño que por siglos nos han querido meter en nuestro cerebro. Esclavos del miedo, de las injusticias, del enemigo y de nosotros mismos.

Aunque parezca increíble, hay personas aun yendo a algunas iglesias que son esclavas de la mentira y no han descubierto todavía la verdad que los hará libres. Por eso aunque van y lo intentan, siguen sintiéndose fríos e inseguros.

El motivo de este libro, es darte una guía para que conozcas las cinco verdades del verdadero cristiano y así puedas con esta información, encontrar la iglesia verdadera que tiene esos fundamentos.

Cuando usted llega a conocer la verdad pura, ya no andarás afanado por las cosas materiales. Tú comenzarás a pensar más en las cosas espirituales. Ya no te importará el que dirán las demás personas, porque las veras como hijos de Dios y los amarás. Ya no andarás afanado ni ansioso, porque confiarás en que Dios te dará todo cuanto necesitas, y entonces todas tus fuerzas se concentrarán en amar y servir a Dios, y estarás listo para que Dios haga grandes cosas en tu vida.

Hay personas engañadas pensando que son cristianas pero tienen negocios que no honran a Dios, como bares, salones de prostitución, tratas de personas, ventas de drogas, y un sin fin de opciones mas que los están hundiendo en el pecado.

La persona que teniendo estos negocios, llega a conocer la verdad, inmediatamente se aleja de esto y busca ordenar su vida en todo lo que hace. Es una nueva criatura en Cristo Jesús. Ahora todo esto le repudia.

Mis sueños se están haciendo realidad en mi vida, porque en todos mis proyectos Dios es mi socio. Hoy los temores no existen, y disfruto cada momento escribiendo libros que lleven un mensaje de motivación, y reavivamiento. Donde vas a encontrar a un socio que te deja el 90% de las ganancias, mientras te pide solo el 10% pero de eso hablamos en otro libro.

El potencial del ser humano es ilimitado, pero Satanás con sus engaños nos ha hecho a veces sentirnos como gusanos, que no valemos nada, pero cuando la persona se postra delante de Dios y se vuelve a Jesucristo como su Salvador, Satanás tiembla y huye, porque cuando el poder humano se une con el poder divino, puede triunfar en todo lo que se proponga.

Santiago 2:19 lo expresa muy bien:

"Tú crees que hay un solo Dios, y en esto haces bien; pero los demonios también lo creen, y tiemblan de miedo."

Son pocas las personas a las que les he contado algo de mi vida, pero aún desde el vientre de mi madre, Satanás me quiso destruir. Mi madre se enfermó y le tuvieron que hacer una operación de emergencia. Tenía diez días de embarazo y no se había dado cuenta que yo estaba en su vientre, hasta que en la cirugía el doctor le dijo: ¡pero señora! Usted está embarazada.

Mi madre cuenta que lloró todos esos nueve meses suplicándole a Dios que yo no saliera afectado, pues le habían puesto anestesia y otras medicinas para la cirugía.

Pasaron los meses y Dios me permitió nacer. Dice mi madre que de todos los hijos, fue por el único que lloró, no porque me quisiera más, sino porque cuando me vio estaba totalmente enterito, y les puedo asegurar que Dios escuchó sus plegarias y hoy me gozo sirviéndole al que me dio la vida.

Dios hace milagros y nos da en abundancia de su gracia. Satanás siempre tratará de poner obstáculos a lo largo de nuestra vida, pero ya hemos aprendido, que cuando nos agarramos de Dios y le confiamos todo a EL, tenemos un mundo de éxitos por delante.

Un día mi esposa descubrió que por toda la casa había borradores de todo tipo de historias que yo comenzaba, pero no terminaba y me preguntó: ¿Qué vas a hacer con todas estas historias y libros a medio terminar? Y fue cuando me dí cuenta que era hora de comenzar a publicarlos.

Mi primer libro se titula LOS 12 SECRETOS PARA SER PROSPERO Y FELIZ, y es un libro de Motivación que ha sido de gran bendición para muchas personas. Luego el segundo libro titulado CRISIS MUNDIAL ¿CASUALIDAD O PROFECIA? Es otro libro que nos lleva a través del tiempo y nos muestra exactamente en que parte de la historia de este mundo nos encontramos, mostrando y explicando la maravillosa profecía de Daniel 2. Si quieres entender la crisis actual en la que estamos pasando, el segundo libro es el ideal.

Este tercer libro que usted tiene en sus manos, es otro fruto maravilloso del poder de Dios, y si les digo cuantos libros mas vienen en camino, no me lo creerían. Dios bendice y bendice en abundancia cuando lo ponemos en primer lugar en nuestras vidas.

Nuestra vida pasada puede haber sido la más oscura y vergonzosa, pero cuando tú decides entregar tu vida y tu tiempo y todas tus facultades a EL, es entonces cuando EL puede actuar y hacer de ti, un árbol que de muchos frutos.

Yo te invito sin temor a que te decidas de una vez y enteramente por Jesucristo. La vida a medias no da fruto, sino problemas.

EL CRISTIANO TIBIO ES COMO UN AUTO QUE SE ESTA APAGANDO EN CADA ESQUINA.

El cristiano tibio es como el carpintero que comenzó su casa pero nunca la terminó.

Apocalipsis 3:15-19

"Yo conozco tus obras, que ni eres frío, ni caliente. ¡Ojalá fueses frío o caliente! 16 Más porque eres tibio, y no frío ni caliente, te vomitaré de mi boca. 17 Porque tú dices: Yo soy rico, y estoy enriquecido, y no tengo necesidad de ninguna cosa; y no conoces que tú eres un cuitado y miserable y pobre y ciego y desnudo. 18 Yo te amonesto que de mí compres oro afinado en fuego, para que seas hecho rico, y seas vestido de vestiduras blancas, para que no se descubra la vergüenza de tu desnudez; y unge tus ojos con colirio, para que veas."

Cuando una persona se cansa de ser tibio, y decide dar toda su vida y sus planes a Dios, comienza un fenómeno maravilloso a su alrededor y tú vas viendo las bendiciones que van llegando.

JESUS TE AMA Y DESEA QUE SEAS ENTERAMENTE LIBRE Y COMPLETO EN EL, PERO PARA ESO, DEBES ABRIRLE LA PUERTA DEL CORAZON.

Oremos unos por otros. La oración intercesora puede mucho. Jesús mismo oraba por los discípulos.

San Juan 17:20

"No te ruego solamente por estos, sino también por los que han de creer en mí al oír el mensaje de ellos. 21 Te pido que todos ellos estén unidos; que como tú, Padre, estás en mí y yo en ti, también ellos estén en nosotros, para que el mundo crea que tú me enviaste."

1 Timoteo 2:1

"Ante todo recomiendo que se hagan peticiones, oraciones, súplicas y acciones de gracias a Dios por toda la humanidad. 2Se debe orar por los que gobiernan y por todas las autoridades, para que podamos gozar de una vida tranquila y pacífica, con toda piedad y dignidad. 3Esto es bueno y agrada a Dios nuestro Salvador, 4pues él quiere que todos se salven y lleguen a conocer la verdad. 5Porque no hay más que un Dios, y un solo hombre que sea el mediador entre Dios y los hombres: Cristo Jesús. 6Porque él se entregó a la muerte como rescate por la salvación de todos y como testimonio dado por él a su debido tiempo. 7para anunciar esto, yo he sido nombrado que enseñe acerca de la fe y de la verdad a los que no son judíos. Lo que digo es cierto; no miento. (El subrayado es nuestro).

En otras palabras, Dios quiere que seamos salvos ¿Cómo?

1-Aceptándole como el único Dios verdadero.
2-Aceptando a Jesucristo como el único Salvador.
3-Permitiendo que el Espíritu Santo nos guíe a la verdad.
4-Aceptando y viviendo en base a toda su palabra, es decir, desde el Génesis hasta el Apocalipsis.
5-Viviendo en su ley que es santa, justa y buena.

La misión de Cristo es salvarnos. La misión de Satanás es destruirnos.

Lo que Dios mas ama es lo que Satanás más odia. Quiso matar al niño Jesús desde su nacimiento. Lo tentó toda su vida sin éxito. Lo llevó a la cruz pensando que así lo destruiría pero resucitó. Entonces como resucitó, convenció a algunos por medio de mentiras para que dijeran que los discípulos habían robado su cuerpo, pero cuando Jesús resucitó, y apareció a más de 500 personas, Satanás fue desenmascarado.

1 Corintios 15:1-8

"Además os declaro, hermanos, el evangelio que os he predicado, el cual también recibisteis, en el cual también perseveráis; 2 Por el cual así mismo, si retenéis la palabra que os he predicado, sois salvos, si no creísteis en vano. 3 Porque primeramente os he enseñado lo que así mismo recibí: Que Cristo fue muerto por nuestros pecados, conforme a las Escrituras; 4 Y que fue sepultado, y que resucitó al tercer día, conforme a las Escrituras; 5 Y que apareció a Cefas, y después a los doce. 6 Después apareció a más de quinientos hermanos juntos; de los cuales muchos viven aún, y otros son muertos. 7 Después apareció a Jacobo; después a todos los apóstoles. 8 Y el postrero de todos, como a un abortivo, me apareció a mí. (Esto lo decía Pablo por la experiencia que tuvo camino a Damasco). Ver Hechos Capítulo 9.

Es sorprendente que Jesús apareciera ante tanta gente para anular las mentiras del enemigo.

Satanás sabe que Dios te ama mucho, y por eso no deja de acechar como un león rugiente, sabe que le queda poco tiempo, pero si David siendo un niño como de 15 años pudo matar osos, leones y al gigante Goliat. ¿Qué no puedes hacer tú si Dios está de tu lado?

Ya hemos estudiado la verdad y en el próximo capítulo conoceremos un poquito mas de la mentira para que la podamos distinguir.

CAPITULO 9

¿Existe La Mentira?

QUE NOS DICE San Juan 8:44

"El padre de ustedes es el diablo; ustedes le pertenecen, y tratan de hacer lo que él quiere. El diablo ha sido un asesino desde el principio. No se mantiene en la verdad, y nunca dice la verdad. Cuando dice mentiras, habla como lo que es; porque es mentiroso y es el padre de la mentira. 45Pero como yo digo la verdad, ustedes no me creen."

Esto decía el mismo Jesús a un grupo de judíos con los que discutía.

Al inicio del libro les presentaba el tema sobre el peligro de la mentira entre la pareja, los hijos con los padres. En fin, no hay persona que no haya mentido alguna vez. El pecado se a infiltrado tanto en nuestras vidas, que algunos hasta se creen sus propias mentiras, pero cuando se dan cuenta que esto es fruto de Satanás, buscan reformarse y es aquí donde entra la gracia de Jesucristo.

Juan 8:31 Jesús les dijo a los judíos que habían creído en él:

-Si ustedes se mantienen fieles a mi palabra, serán de veras mis discípulos; 32 conocerán la verdad, y la verdad los hará libres.

El diablo vivía en la verdad hasta que se reveló causándose su propia destrucción. Toda persona que insiste en andar en contra de la verdad, llega el día que perece enredado en su propia telaraña.

La mentira es lo contrario a la verdad.

Juan 8:47 dice una gran verdad:

"El que es de Dios, escucha las palabras de Dios; pero como ustedes no son de Dios, no quieren escuchar."

Yo espero que este versículo no sea una realidad en tu vida porque estarías en un problema, arriesgando tu vida eterna. El ser humano ha de ser humilde ante ese Dios maravilloso que le ha tenido tanta misericordia y debería sin temor, postrarse ante su creador y alabarlo. Estar en todo tiempo atento a escuchar.

¿Sabes cuál fue el precio que Cristo pagó para salvarte?

Su propia sangre. Si tú no has visto la película: "La pasión", te recomiendo que la veas, porque es lo mas cercana a lo que realmente sucedió ese fin de semana. Si sientes ganas de llorar llora, pero que nadie diga que no sientes nada.

¿Quién te puede amar más? Jesús lo dio todo por ti y aún, ¿vamos a seguir rechazándolo?

El sufrimiento que Cristo tuvo que soportar por tí, nadie más estaría dispuesto a hacerlo.

¿Merecíamos ese regalo?

Claro que no, porque nos habíamos olvidado de él, y vagábamos en este mundo sin esperanza. Hoy tú puedes decir que volviste a nacer, y que tienes una esperanza maravillosa en Cristo Jesús.

Despierta y vive cada día intensamente, sirviendo al Señor, porque las profecías están marcando el inicio del fin. Te recomiendo el libro CRISIS MUNDIAL ¿CASUALIDAD O PROFECIA?

Satanás no quiere que nos salvemos, para que no llenemos ese gran vacío que él y sus ángeles dejaron en el cielo, y porque por cada ser humano que se salve, El sufrirá más.

Satanás ataca a Dios haciendo de lado la creación y haciendo creer que todo vino por una gran explosión sin ninguna intervención divina y luego fue surgiendo la evolución pero ese cuento ya ni los niños se lo creen.

Al ver tanta maravilla y perfección en el Universo, solo un ciego puede creer que todo vino por casualidad.

Imagínese que te dan un reloj todo desarmado pieza por pieza, y te dicen que lo tires a un río, y que lo recojas tres millas mas abajo, y te va a estar dando la hora exacta como si nada hubiera pasado.

¿Cuál es la posibilidad que esto se de?

Aún eso sería más fácil que sucediera, a que todo un Universo infinito de perfección y belleza, se formara de una explosión sin una intervención divina.

El hombre con su mente de hormiga, si la comparamos con la de Dios, quiere darle clases a su Creador que es infinito y sabio. Yo tampoco contradigo que es posible que todo se haya iniciado con una gran explosión, pero desde luego si así sucedió, fue porque Dios, su creador así lo quiso, y no por pura casualidad o sin un poder especial de un ser superior, como Satanás usa a algunos científicos para presentarlo.

Satanás ataca la Biblia y casi logra exterminarla. Por medio de la inquisición se quemaron miles de ejemplares, junto con los hombres, mujeres y niños que solo por creer en Jesucristo como su único Salvador y querer vivir las doctrinas del evangelio, eran llevados a la hoguera como herejes solo por querer vivir en la verdad.

Como el diablo no pudo exterminar la Biblia, gracias a hombres fieles que la preservaron, entonces la mezcla con mentiras y dice:

Bueno, además de la Biblia están también las tradiciones. Millones se perderán por vivir de tradiciones inventadas por los hombres.

Satanás ataca a Jesús. Lo quiso matar desde niño como decíamos anteriormente. Lo tentó en todo sin poderlo vencer. Lo persiguió hasta llevarlo a la cruz, pensando que ahí ganaría pero luego se acordó que había prometido resucitar al tercer día y entonces convence a unos cuantos hombres para que digan mentiras, pero Satanás con la muerte de Jesús en la cruz, es un diablo vencido y solo le espera su juicio y destrucción, junto con todos los que están de su lado.

Hoy día Satanás anda desesperado sabiendo que le queda poco tiempo, y sigue presentando mentiras por medio de la gran Babilonia, y sus rameras.

Recuerde. Toda iglesia que enseñe doctrinas que no estén en la Biblia y que contradiga la Biblia, es una iglesia que no tiene la verdad.

Ahora dice la iglesia de Babilonia. Bueno, es cierto, Jesús salva pero hay que ayudarle porque el no puede con todo. Vamos a ponerle vírgenes y santos para que le ayuden.

¿Necesita Jesús ayuda? Con estas mentiras a logrado engañar a otros tantos millones, todo porque no se toman el tiempo para meditar en la palabra de Dios.

Otros que son utilizados como instrumentos de Satanás dicen:

La ley ya no hay que guardarla y otros dicen: Claro que si pero la presentan cambiada, como si la ley de Dios fuera imperfecta o necesitara modificaciones de los hombres. Otros dicen: Ustedes están equivocados. La ley fue clavada en la cruz y están más confundidos que los primeros.

Si vamos a la palabra de Dios veremos que después de la muerte de Jesús, su madre y los discípulos siguieron guardando los diez mandamientos, incluyendo el Sábado que es el cuarto mandamiento, y no hay un solo versículo en la Biblia donde se afirme que ahora hay que guardar el Domingo. Mas bien la iglesia católica, critica a estos grupos que guardan el Domingo diciéndoles que están obedeciéndoles a ellos, aunque de ellos se habían apartado.

Leamos la siguiente cita:

"Cabe recordarles a los Presbiterianos, Bautistas, Metodistas y a todos los otros Cristianos, que la Biblia no los apoya de manera alguna en la observancia del Domingo. El Domingo es una institución de la Iglesia Católica Romana, y los que observan el día observan un mandamiento de la Iglesia Católica."
-Priest Brady, in an address, reported in the Elizabeth, N.J. "News," 18 de Marzo, 1903

El cuarto mandamiento de la ley de Dios, es el Sábado, y millones aun no han visto la luz en las Sagradas Escrituras. Satanás es muy astuto, y así confunde las mentes de aquellos que no estudian con diligencia la palabra de Dios.

"Si los protestantes se guiaran por la Biblia, adorarían a Dios en el día de Reposo (Sabbath). Al guardar el Domingo ellos siguen una ley de la Iglesia Católica."
-Albert Smith, Chancellor of the Archdiocese of Baltimore, Replying for the cardinal in a letter, 10 de Febrero de 1920.

Mateo 23:9

"Y no llamen ustedes padre a nadie en la tierra, porque tienen solamente un Padre: el que está en el cielo."

San Juan 4:8

Jesús le contestó: -La Escritura dice: "Adora al Señor tu Dios, y sírvele solo a él"

¿A quien estamos obedeciendo nosotros?

¿Al Creador de la Ley o al que se atrevió a cambiarla?

Deuteronomio 18:10-12

"Que nadie de ustedes ofrezca en sacrificio a su hijo haciéndolo pasar por el fuego, ni practique la adivinación, ni pretenda predecir el futuro, ni se dedique a la hechicería 11 ni a los encantamientos, ni consulte a los adivinos y a los que invocan a los espíritus, ni consulte a los muertos. 12 Porque al Señor le repugnan los que hacen estas cosas. Y si el Señor su Dios arroja de la presencia de ustedes a estas naciones, es precisamente porque tienen esas horribles costumbres."

Analiza con calma los versículos anteriores. No sea que estés practicando alguna de estas cosas, y seas hallado falto y venga la maldición sobre tí.

¿A cuántos ha logrado engañar Satanás?

Apocalipsis 12:9

"Así que fue expulsado el gran dragón, aquella serpiente antigua que se llama Diablo y Satanás, y que engaña a todo el mundo. El y sus ángeles fueron lanzados a la tierra."

Tristemente la gran mayoría está equivocada. Muchos creen que porque una iglesia tiene muchos miembros, tiene la verdad. Jesús cuando estuvo en la tierra no fue aceptado por todos.

San Lucas 12:32

"No tengan miedo, ovejas mías; ustedes son pocos, pero el Padre, en su bondad, ha decidido darles el reino."

Otra versión dice: *"No tengan miedo, mi rebaño pequeño, porque es la buena voluntad del Padre darles el reino."*

Cuando Jesús anduvo con los discípulos, eran pocos, comparados con los pueblos que ya existían; pero después de la muerte de Jesucristo, los apóstoles se dispersaron para predicar el evangelio, y el incansable Pablo dondequiera que iba abría nuevas iglesias.

Hoy comparado con la población mundial, el grupo de verdaderos cristianos parece insignificante, pero en los últimos días, cuando los hombres sientan el temor de todo lo que está pasando con la economía, y la naturaleza, tendrá hambre y sed de justicia, he invocarán el nombre de Dios, y muchos lo hallarán porque se volverán de sus malos caminos. De todos modos, Dios busca calidad, no cantidad.

San Mateo 22:14

"Porque muchos son llamados, y pocos elegidos."

Estamos terminando este estudio, y confío que ya has decidido de qué lado estarás, pero si aun tienes dudas, te invito para que contestes el siguiente cuestionario y así tendrás claro si aun debes de cambiar en algún punto de tu doctrina.

Te aconsejo que analices bien la respuesta pues no es lo que tú piensas que pueda ser, sino que debe estar fundamentada en la Biblia. Así por ejemplo si tú crees que la iglesia donde te congregas guarda la ley de Dios, ve a Éxodo 20:1-17 a ver si es cierto porque muchas iglesias dicen guardar la ley de Dios, pero si la comparas con la Biblia, es diferente.

CAPITULO 10

Examen Final

LAS CINCO VERDADES DEL VERDADERO CRISTIANO

EN BASE A lo que ya hemos estudiado, te invito a que hagas este examen para que descubras si estás viviendo una verdad, o has estado engañado todo este tiempo, y oro a Dios para que tengas la suficiente fuerza y valentía, para que tomes la decisión correcta, una vez que sepas tu resultado.

La iglesia verdadera debe tener estas cinco verdades. Si tu compras una silla y le falta una pata, es muy probable que en cuanto te sientes, te caigas, lo mismo si compras una cama y le falta una pieza, vas a querer devolverla de inmediato.

La iglesia de Dios tiene cinco verdades fundamentales, y si le falta una ya no es la iglesia de Dios, y si le falta dos o más, que podemos esperar.

Vamos a ir marcando falso o verdadero. Debes ser sincero contigo mismo.

1-La iglesia que tú frecuentas: ¿Tiene al Dios de la Biblia como su único Dios?

a-falso
b-verdadero

2-La iglesia que tú frecuentas: ¿Tiene a Jesús como su único Salvador?

a-falso
b-verdadero

3-La iglesia que tú frecuentas: ¿Acepta al Espíritu Santo como una de las tres divinas personas?

a-falso
b-verdadero

4-La iglesia que tú frecuentas: ¿Acepta toda la palabra de Dios desde el Génesis hasta el Apocalipsis?

a-falso
b-verdadero

5-La iglesia que tú frecuentas: ¿Guarda los diez mandamientos bíblicos?

a-falso
b-verdadero

Respuestas en la próxima página

Respuestas al examen de la página anterior

Si tú contestaste una pregunta como falso, lamento decirte que esa iglesia no es la iglesia de Dios porque una verdad a medias es una mentira completa.

Si tú contestaste más de una pregunta en falso, lamento advertirte que debes de pensar seriamente, si debes de seguir ahí, pues nunca podrás ser realmente obediente a tu Dios.

Si tú contestaste tres o mas preguntas en falso, no deberías de estarte reuniendo en esa iglesia, si deseas realmente servir al verdadero Dios.

Si estas visitando una iglesia, donde no se acepta a Dios como el creador de todas las cosas. Estás adorando falsos dioses o teorías de hombres.

Si estas visitando una iglesia donde Jesucristo no es tú Salvador y el único puente entre Dios y los hombres, estás en el camino equivocado y bien haces en salir de ahí.

Si estás en una iglesia, donde el Espíritu Santo no es muy importante, ni se menciona nunca, esa no es la iglesia verdadera.

Si tú estás visitando una iglesia donde la Biblia no es el principal libro de estudio, están adorando cualquier otra cosa, menos al Dios Creador y dueño de todo cuanto existe.

Si estás visitando una iglesia donde los diez mandamientos pasaron de moda, estás en un grave peligro pues los diez mandamientos no pueden ser anulados, porque es como anular el carácter de Dios y su autoridad.

Sin Ley, el pueblo no es bienaventurado.

Proverbios 29:18

"Sin profecía el pueblo se desenfrena; Mas el que guarda la ley es bienaventurado."

La verdad muchas veces duele, pero es necesario para seguir creciendo. La persona que es humilde, sabrá que decisión tomar. La persona que endurece su corazón, aunque descubra que está siguiendo una mentira, ahí se quedará, porque no le gusta aceptar que está equivocado, y arriesga su propia vida y la de sus seres queridos.

> HAY TANTA MENTIRA EN EL MUNDO QUE LA UNICA LUZ QUE AUN BRILLA ES SU PALABRA, PERO ESTA PUEDE DAR LUZ AL UNIVERSO ENTERO.

Cada año se producen más de 600 millones de Biblias, para poder suplir la necesidad, que se está despertando en el mundo por estudiarla.

Las profecías, se han estado cumpliendo a la perfección desde el principio, y hoy las que estaban selladas, ya han sido abiertas para que las entendamos. Apocalipsis, el último libro de la Biblia, sigue avanzando en su cumplimiento y comienza la cuenta regresiva.

¡Despertemos!

Permitamos que el Espíritu Santo nos guíe a toda la verdad.

Muchas veces tendremos que ser valientes para tomar ciertas decisiones. Dios mismo nos anima.

Josué 1:19

"Mira que te mando que te esfuerces y seas valiente, no temas ni desmayes, porque Jehová tu Dios estará contigo en donde quiera que vayas."

El ser humano por naturaleza quiere ser feliz, pero comete muchos errores en la búsqueda de la felicidad. Dios es la fuente de la verdadera felicidad.

El salmista nos dice en Salmos 16:11

"Me mostrarás la senda de la vida; en su presencia hay plenitud de gozo; delicias a tu diestra para siempre."

Dios nos mostrará por medio del Espíritu Santo, la senda de la vida. Nos enseñará a vivir en plenitud de gozo, y compartirá con nosotros sus delicias.

Lejos de Dios y de la verdad, solo hay dolor y frustración.

Parecerá por momentos que eres feliz, cuando el mundo te ofrece algunos dulces, pero eso dura poco tiempo.

Si no has conocido la paz verdadera que solo viene de nuestro Creador, todavía no sabes que es paz.

Hay personas que dicen ser cristianas, pero pasan muy frustradas, porque aún están muy confundidos entre la mentira y la verdad, y no hacen esfuerzos por corregir esta situación.

En 1 Reyes 3:9 encontramos una de las peticiones más sinceras y hermosas de la que nosotros deberíamos de aprender. Salomón siendo aun muy joven, había sido llamado a ser rey después de su padre David, pero reconociendo su incapacidad, se arrodilló y buscó sabiduría de lo alto.

1 Reyes 3:9

"Da pues a tu siervo corazón entendido para juzgar a tu pueblo y para discernir entre lo bueno y lo malo; porque ¿Quién podrá gobernar este tu pueblo tan grande?"

Salomón no pidió riquezas ni honra para él, solo pidió sabiduría para ser un rey justo y guiar correctamente a su pueblo.

Dios no solo le cumplió con su petición, sino que lo bendijo con gran riqueza y poder.

Nosotros debemos de ir todos los días a los pies del Maestro, y postrarnos delante de El, para que nos guíe y nos muestre su voluntad.

¿En quién estamos depositando nuestra confianza?

Ezequías fue un joven rey que puso su confianza en Dios.

Ni el poder ni las riquezas hicieron que se alejara de Dios. Por el contrario menciona 2 Reyes 18:5

"En Jehová Dios de Israel puso su esperanza; ni después ni antes de él hubo otro como él entre todos los reyes de Judá."

No vamos a encontrar en toda la palabra de Dios, a una persona que se haya entregado completamente a Dios, que no haya sido bendecida. Si tú quieres la prosperidad y la bendición, solo permita que Dios te guíe, y serás grande entre los hombres y ante tu Dios. Muchos llegan a ser grandes para el mundo pero perecerán con sus riquezas y su fama y no habrá más esperanza para ellos.

El pueblo de Dios estaba esclavo en Egipto y cuando se acordaron de Dios, El los escuchó. Dios no tarda sus promesas como algunos piensan.

Éxodo 3:7

"Dijo Dios Jehová: bien he visto la aflicción de mi pueblo que está en Egipto, y he <u>oído</u> su clamor a causa de sus exactores, pues he <u>conocido</u> sus angustias."

Dios presta oído a nuestras oraciones, y conoce nuestras angustias, y está presto a prestarnos auxilio, pero EL escudriña el corazón para ver si somos sinceros.

Mateo 5:8

"Bienaventurados los de limpio corazón, porque ellos verán a Dios."

¿Cómo sé que aun no soy un cristiano verdadero?

Esta es una pregunta interesante. Muchos pueden estar engañados, pensando que ya son buenos cristianos, pero recordemos que el árbol se conoce por sus frutos, así como el cristiano se conoce por sus acciones y no me refiero solo a las obras que se ven, sino a las emociones negativas como la envidia, celos, avaricia, y muchas emociones mas que a veces están dentro de nosotros pero no reconocemos que debemos despojarnos de ellas.

He visto en algunas ocasiones en mi país, que árboles que estaban en tiempo de cosecha, no daban el fruto, y observando con mucha atención, descubrimos que o el viento había arrancado las flores antes de tiempo, o había un hongo o enfermedad que había afectado al árbol para que no diera fruto. Solo prestando mucha atención se puede detectar estas situaciones.

Lo mismo pasa con las personas. Algunas por fuera se ven como cristianos listos para la acción, pero por dentro hay algún hongo que no lo deja dar fruto.

Gálatas 5:19

"Y manifiestas son las obras de la carne, que son: adulterio, fornicación, inmundicia, lascivia, idolatría, hechicerías, enemistades, pleitos, celos, iras, contiendas, disensiones, herejías."

Un árbol que no define su fruto, tiene algún problema. Un cristiano que acaricia el pecado y aparenta ser cristiano, es un cristiano tibio o medio convertido. Es como una verdad a medias. Es una persona que necesita dar un paso más, y entregarse enteramente al Señor, o de lo contrario, será hallado falto. Nadie irá al cielo a medias. Tendrá que superar sus mayores debilidades que no lo han dejado entregarse enteramente.

Romanos 12:9

"El amor sea sin fingimiento, Aborreced lo malo, seguid lo bueno."

Santiago 4:8

"Acercaos a Dios, y él se acercará a vosotros. Pecadores, limpiad las manos; y vosotros los de doble ánimo, purificad vuestros corazones."

Jehová tiene una promesa para el que a él clame:

Salmo 4:3

"Sabed, pues, que Jehová ha escogido al piadoso para sí; Jehová oirá cuando yo a él clamase."

Salmo 72:12

"Porque él librará al menesteroso que clamare, y al afligido que no tuviere quien le socorra."

¿Te gustaría tener paz en tu corazón?

En la actualidad, este mundo está sediento de paz. Hay inseguridad en cada esquina, y parece que aún algunos gobiernos se han vuelto corruptos o impotentes ante este flagelo, y las familias se desesperan porque se sienten desprotegidas.

Estimado amigo (a). El hombre no puede dar paz porque carece de ella pero Dios puede dártela.

Isaías 26:3

"Tú guardarás en completa paz a aquel cuyo pensamiento en ti persevera; porque en ti ha confiado."

Este versículo nos da la clave para encontrar la paz. La perseverancia, y la confianza en Dios, es la clave para tener paz en nuestro corazón y debemos de perseverar en Él.

Hay personas que se sienten analfabetas, sin esperanza de entender o vivir la verdad, quieren servirle a Dios pero sienten que no son capaces. Olvidan que Dios se tomó su tiempo para hacerlo único en el planeta entre mas de 7000 millones de habitantes y tiene el poder de darte la capacitación que necesites para que le sirvas con eficiencia.

No hay otro ser igual a ti. Para Dios tú eres único y vales por la sangre de Jesucristo. Dios te dio a ti capacidades y talentos que nadie mas tiene, pero nos hemos dejado arrastrar tanto por el pecado, que estamos como ciegos, como paralíticos, aunque aún muchos de éstos, nos pueden dar ejemplo de superación y disciplina.

Si tú te sientes que no puedes ser mejor cristiano o persona en la sociedad, mira lo que nos dice Santiago 1:5

"Y si alguno de vosotros tiene falta de sabiduría, pídala a Dios, el cual da a todos abundantemente y sin reproche, y le será dada."

¿No es maravilloso?

Dios está deseoso de bendecirte, de capacitarte, y de hacer de ti, un cristiano verdadero.

Hay personas que se engañan a sí mismas pensando que pueden engañar al hombre, y también a Dios, pero la ley de la vida te devolverá en base a lo que sembraste.

Gálatas 6:7

"No os engañéis; Dios no puede ser burlado: pues todo lo que el hombre sembrare, eso también segará."

¿Como podemos hallar a Dios?

Jeremías 29:13

"Y me buscaréis y me hallaréis, porque me buscaréis de todo vuestro corazón."

Aquí está la clave. Muchas personas creen que pueden buscar a Dios como si fuera una ambulancia, o una patrulla, para que lo socorra en momentos de emergencias. Para hallar a Dios no basta con querer, o intentarlo sin mayor interés. Se le debe de buscar de todo corazón, es decir, con un verdadero propósito de servirle, y de ser escuchado, para que nos auxilie, pero también para que nos transforme para serle útil en el servicio que le prestemos.

Muchas personas sienten que ya no se pueden librar de la condenación, pero para Dios no hay nada imposible. No importa que tan lejos hayas estado de EL, para ti también hay esperanza. Dios es el único Juez. No te importe lo que piensen los demás.

> TU TIENES POR EL PODER DE DIOS, EL DERECHO
> DE VOLVER A NACER Y EL DE VOLVER A VIVIR,
> POR MEDIO DE SU HIJO JESUCRISTO.

Gálatas 4:7

"Así que ya no eres esclavo, sino hijos; y si hijo, también heredero de Dios por medio de Cristo."

¿Te das cuenta?

Por medio de Cristo tú eres hijo de Dios. Tú vales la sangre de Cristo. No permitas que Satanás te quite la oportunidad de vivir eternamente. Ven a Jesús como estás y permita que él haga la obra en ti.

Ricos, no pongan la esperanza en las riquezas, sino en Dios. Para usted también hay un consejo en la palabra de Dios.

1 Timoteo 6:17

"A los ricos de este siglo manda que no sean altivos, ni pongan la esperanza en las riquezas, las cuales son inciertas, sino en el Dios vivo, que nos da todas las cosas en abundancia para que las disfrutemos."

Mateo 7:7,8

"Pedid, y se os dará; buscad, y hallaréis; llamad, y se os abrirá. Porque todo aquel que pide, recibe; y el que busca, halla; y al que llama, se le abrirá."

La promesa es para todos, así que depende de ti. Dios puede transformar tu vida y hacer de ti, un cristiano verdadero, un verdadero hombre o mujer de Dios. Ser tibio no funciona. No se puede servir a dos señores.

> UNA PERSONA NO ES CRISTIANA PORQUE
> PERTENECE A UNA IGLESIA, SINO PORQUE
> PERTENECE A JESUCRISTO Y LE OBEDECE.

Quiera Dios que al terminar de leer este material, tú hayas entendido la necesidad de definirse en la vida.

Deuteronomio 30:19-20

"A los cielos y a la tierra llamo por testigos hoy contra vosotros, que os he puesto delante la vida y la muerte, la bendición y la maldición; escoge, pues, la vida, para que vivas tú y tu descendencia; 20amando a Jehová tu Dios, atendiendo a su voz, y siguiéndole a él; porque él es vida para ti, y prolongación de tus días; a fin de que habites sobre la tierra que juró Jehová a tus padres, Abraham, Isaac y Jacob, que les había de dar."

Mi ministerio es servirle a Dios y mientras viva, ese será mi mayor placer. Espero, llegue a ser el tuyo también.

Escríbame y cuéntame de tus nuevas experiencias. walterumana@msn.com

CONCLUSIÓN

Las 5 verdades

EL MUNDO ESTÁ tan confundido y hundido en la desesperación, que la verdad es mas urgente que nunca.

Las 5 verdades del verdadero cristiano te han sido presentadas, en el vocabulario más práctico posible, para que no haya una sola confusión entre la verdad y la mentira. Que el Dios del Universo te inspire, por medio de su Espíritu Santo, para que la victoria llegue a ser una realidad en tu vida, y no reine más la incertidumbre que no te deja avanzar.

Cada día se presenta con un nuevo amanecer y una nueva esperanza. Que nada ni nadie, te niegue la verdadera libertad que se encuentra cuando se decide por la verdad.

Nadie puede detener a una persona cuando decide entregarse por completo a Jesucristo. Lo que es imposible para el hombre, en Cristo se hace posible.

La verdadera esperanza de todo ser humano es vivir para siempre y en completa libertad; sin engaños y verdades a medias.

Que el Dios de milagros que ya está haciendo la obra en mí, la pueda hacer en ti, también.

Las profecías se siguen cumpliendo sin el más mínimo error y el tiempo de tomar decisiones sabias, esta por terminar.

BIBLIOGRAFÍA

Los 12 secretos para ser próspero y feliz
Walter Umaña

Nueva Concordancia Strong
James Strong, LL.D.; S.T.D.

Diccionario VOX
Lengua Española
© BIBLOGRAF, S.A.

Diccionario Larousse
Lengua Española
© Larousse Editorial, S.L.

Crisis mundial, Casualidad o profecía?
Walter Umaña

Profetas y Reyes
Elena G. de White

CPSIA information can be obtained
at www.ICGtesting.com
Printed in the USA
FSOW01n0755060516
20149FS